愛と経済のバトルロイヤル

経済×文学から格差社会を語る

橘木俊詔
tachibanaki toshiaki
佐伯順子
saeki junko

青土社

愛と経済のバトルロイヤル　目次

愛と経済のバトルロイヤル　経済×文学から格差社会を語る

はじめに

女性が社会で活躍、あるいは働くことに期待の集っている時代となっている。少子化の中にある日本では労働力不足が深刻なので、女性に働いてもらわねばならない事情が当然あるし、男性だけが社会を先導している世の中は不自然である、との認識もある。保守政治家でかつては男女共同参画に無関心だった安倍晋三首相ですら、女性活用策を打ち出している時代である。

日本の歴史を振り返れば、外で働くのは男であり、女は内にいて家事・育児に専念するという、いわゆる良妻賢母論が優位にあった。ただしこの思想を現実に実践できたのは、いわゆる専業主婦だけである。夫が経済的に裕福である家庭だけで可能なことであり、戦前の日本はまだ貧しかったし、農業と商業が中心の産業だったので、大半の既婚女性は働いていたのであった。人は食べるため、あるいは生きるために働かざるをえないのである。

人が家庭をつくるのはこれまで男女の結婚から始まっていたので、男女の恋愛がどのように進行していたかは分析の対象となる。現実には戦前における家制度の下で結婚はいわゆる見合い結婚が主流で、恋愛結婚は少なかった。むしろ結婚後に男女が恋愛関係（いわゆる不倫）に入ることがあったし、「妾」という言葉がこれを象徴している。もとより結婚に至らないまでも、未婚の男女が社会的制約の厳しい中で、一部は恋愛に興じていたのであった。

見合い結婚か恋愛結婚かに関しては、戦後からしばらくの間は、自由主義が一気に広まったので恋愛結婚が主流となった。その後も恋愛結婚は増加の一途をたどった。歴史の皮肉というか、今は恋愛できない人が増加して、未婚者の数が増加中である。

恋愛を楽しむこと、結婚をするかしないか、人は生きるために働かざるをえないこと、家事・育児を誰かがせざるをえないこと、といったことを明治時代から現代までどのような経緯をたどってきたかを研究してきたのが橘木であった。男女の違いに注目すれば、ここで述べたことに関しては特に女性の役割が重要である。良妻賢母、専業主婦、あるいは共働きといった言葉はまさに女性に注目した言葉である。経済学では労働というテーマが重要なのでこれらのことを扱ってきたが、恋愛、結婚といったことになると文学や社会学の方がはるかに高密度で扱ってきた伝統がある。

そこで経済学者・橘木の限界を補うため、比較文学者の佐伯順子さんの助けを得ようとしたのが本書である。『遊女の文化史』『「色」と「愛」の比較文化史』『恋愛の起源』『明治〈美人〉論』など魅力的な著作を世に問うてきて、恋愛や女性の生き方を熟知している佐伯さんと、無味乾燥の経済学しか知らない橘木を融合させたらおもしろいかもしれない、というのが本書の動機である。佐伯さんは古今東西の有名な文学作品の中で、本書で扱っているような恋愛、結婚、家庭といったことがどのように書かれているかを見事に紹介してくれているので、読者にとってもたいへん興味深いのではないかと期待できる。

なぜ経済学と文学を融合させるかのヒントは、トマ・ピケティ著『21世紀の資本』（みすず書房、二〇一四年）から得られたものである。この書物はフランス人経済学者のピケティによって仏語版が一〇〇〇ページを超える専門書であったが、英語版が出版されてから世界的なベストセラーとなったものである。資本主義経済は必然として所得や資産の格差が拡大せざるを得ないということを、理論と実証で証明した書物である。味もそっけもない数字で満ちた経済書なのであるが、ピケティは二〇〇年以上にもわたるフランスとイギリスの統計を吟味した際、同時代の文学作品の中で描かれた現実の世界を引用して、経済統計と小説での世界がいかにうまく整合しているかを『21世紀の資本』の中で示したのである。

具体的には、フランスではオノレ・ド・バルザックの『ゴリオ爺さん』や、イギリスではジェイン・オースティンの『マンスフィールド・パーク』などを引用して、そこで描かれた人々の所得・資産額とピケティの用いた税務統計の額が近い値を示したのである。こういう小説の中での記述があると、経済に関心のない人、あるいは経済学の知識のない人にとっても、『21世紀の資本』は読む魅力を感じる本になるのである。これがピケティの本が一般の人からも受け入れられた一つの理由だろう。

恋愛や結婚、家庭生活といったことが日本文学の名作の中で描かれていることと、経済学の世界で分析していることがうまく融合していれば、一般の読者にとっても楽しく読んでもらえるのではないだろうか。本書の中で、夏目漱石の『坊っちゃん』、紫式部の『源氏物語』、石坂洋次郎の『青い山脈』など数多くの文学作品が佐伯さんによって取り上げられている。文学の世界と経済の世界の比較による融合という妙味を味わってほしいものである。

本書での話題は多岐にわたるが、いくつかの例を挙げれば次のようになる。すなわち、家父長制の役割、結婚に何を求めるかに関する男女の違い、恋愛結婚と見合い結婚、なぜ遊女が多くて〝遊男〟は少ないのか、嫁姑問題の効果、共働きか専業主婦か、家庭の幸福とは何か、などである。

もう一つの主要な関心は教育である。専業主婦志向の強かった理由を説明する一つの要因として、女性の教育水準が男性ほど高くなかったことがある。高い教育を受けている男性と結婚すれば所得は高いので、既婚女性が働かなくてもよかったのである。しかし戦後の高度成長期を経て国民所得も高くなり、女の子を大学にまで進学させる経済的余裕が家計に生じたのである。高学歴女性が働きたい希望を強く持つようになったことは当然のことであるが、ここで労働と家事・育児との両立という問題が発生した。夫が家事・育児に積極的になればよいのであるが、日本男子にはまだそこまでの理解は進んでいない。さらに日本企業では男性の長時間労働を強いているのが普通なので、夫が家事・育児に従事する時間にさほど期待できない。

女子教育の問題と女性のキャリアとの関係、あるいは男女の性別役割の問題をどう考えたらよいのか、本書で討論される話題である。これらに関しては橘木が論じてきた格差の問題とも関係があるので、教育、職業、格差、労働、所得、家計といった日本人の生き方や働き方、そして日本社会の特色といったことを、今日の言葉を用いればジェンダーと関連付けて話し合うのが本書の目的である。

個人の著作で恐縮であるが、二〇〇八年に『女女格差』（東洋経済新報社）を出版した際、上野千鶴子氏から痛烈なコメントを頂いた。私は「女性には選択肢がいろいろあって、働くこと以外に選択肢の少ない男性より幸福だ」といったようなことを書いたのであるが、「橘木はわかっていない、女は強制的に選択させられているにすぎないだけだ」とのコメントである。本書における私の発言部分から、上野氏のコメントにうまく対応できているかどうか私にはわからないが、読者の評価を待ちたい気がする。

本書は佐伯さんとの対談が四度にもおよび、合計一〇時間前後に達した。本書の企画から始まり、あっちこっちに話題の飛んだ長い対談原稿を、読みやすくかつ意義深い文章に仕上げてくれたのは、青土社の菱沼達也氏である。氏の辛抱強い編集作業に心より感謝したい。

橘木俊詔

第1章　経済史と文化史からみた日本

江戸から明治へ――近代社会の成立

橘木　経済史という観点から、明治という時代を振り返ってみます。まず何と言っても明治維新というものがありました。当然、それ以前は封建制度の時代です。士農工商という身分制の社会だったわけです。この封建制を一挙に解体したのが明治維新でした。しかし、明治時代で社会は大きく変わったとは言われていますが、結局は武士の生き残りが支配した時代だったわけです。士族が姿を変えて社会の支配者になっている。たとえば、薩長土肥と呼ばれる各藩の下級武士を中心とした人物たちが政権を担っていたわけですね。ですから、江戸時代の武士階級の名残というのは明治時代まで残ったと私は解釈しています。そうすると、江戸時代に特有だった家父長制や男性優位という社会の姿が明治時代もかなり残っていたというように解釈できるのでは、と私は考えています。これは今回の対談を考えるにあたっての第一点のポイントです。

もう一つ大切な点は家族のことを勉強するとよく分かります。明治時代は戸籍制度をつくるにあたって家制度というものを導入しました。家族というものが最小の生活単位として法律的な考え方のもとに登場してきた。つまり、明治時代になってはじめて家族というものをどのように見るか、家族の生き方をどう考えるかという視点が出てきました。法律で定められたという点が、家族を考えるうえでたいへん重要なのではないか。私はそう思っています。

佐伯　江戸から明治にかけての社会的な変化が、経済的な格差や、家庭生活における生計の問題についてどのような変化をもたらしたのかたいへん気になります。たとえば、明治政府が経済的な観点から家族政策等を講じたというようなことはありますか？

橘木　あまりなかったようです。江戸時代は格差社会ですね。身分制度がありますから。ただし、江戸時代の後期においては一部の商人はたいへん裕福になりました。ビジネスで成功したんです。

佐伯　身分的には武士が上ですが、経済的には商人が成功しているという逆転が重要ですね。明治時代の社会保障制度についてはいかがですか？

橘木　ほとんどなかったですね。江戸時代には五人組という制度がありました。相互扶助の意味も持った制度ですね。しかし、これは上から命じられる形での制度でしたのであまり機能しませんでした。あえて言えば、社会保障ではないですが、そうしたものは家族の間での支え合いが行っていたわけです。家父長制はここでも機能していますね。両親の面倒は長男が、あるいはその妻がみる。それを周囲の親族が助ける。こうした構図が当り前のようにあり、そして機能していた。ただし、ひとつ重要なことは、明治の頃はいまよりもずっと平均寿命が短い。六〇くらいでだいたい死んでいましたから、いまの八〇くらいまで生きるような社会における社会保障と、明治のときの社会保障の感覚は違っていた。

明治時代の女性や家族のことについて、ぜひ佐伯さんのご専門からもご発言いただければと思います。

佐伯 明治時代に家父長制が強化されていくというお話。さらに士族支配の社会になったというお話。文学作品を見ていても同じ価値観がはっきりと出ています。樋口一葉の父は幕末に幕臣の身分を買い、士族となったわけで、代々武士という家ではありませんでしたが、それでも、娘の一葉には士族としての自負心が強くみられます。坪内逍遥の『妹と背かゞみ』(明治一八、一八八五年)など、明治の作家たちの作品には、士族としての誇りをもつ登場人物がしばしば描かれている。これは文学作品のみの特徴ではなく、たとえば、私が二〇一三年の夏、京都で女性史についての公開講座をした際に、聴衆の方が、かつては表札に「士族〇〇」と書いていたほど、士族としてのアイデンティティを強くもっていた、と発言されました。江戸時代の士農工商という身分制度は、あたかも明治時代の四民平等という理想によってなくなったかのように思われがちですが、実はそうではない。しかし近現代文学の読者の受容や研究では、この社会的格差については意外と問題意識が薄い。

典型例としては、漱石の『坊っちゃん』(明治三九、一九〇六年)の士族意識があります。「土百姓」という差別用語を平然と使用しているし、松山を露骨に田舎と蔑視している。にもかかわらず、この点を批判的に論じている人は、一般読者にも研究者にも多くはない。なぜかといえば、そのほうが、多くの近代読者の共感を得ることができたからです。

『坊っちゃん』が描く主人公の士族イメージは、〝武士は喧嘩っ早い〟という、実に単純素朴なものですが、そんなステレオタイプが、官僚的な知性を重視した江戸時代の武士や、それ以前の武士の実態と異なるのは、近世史研究の笠谷和比古さんや、中世文学研究の佐伯真一さんの武士道研究をみれば明らかです。

ですが、明治期に実際に士族であった市民は数パーセントしかいないわけですから、武士の実態を知っている読者のほうが少ない。だからこそ、漱石が描く、〝一般目線〟のステレオタイプ的士族観に共感する読者が多かったし、喜んで共感的に読まれたのですね。

本来戦士であった士族の世界が男性中心になるのは必然的傾向なのですが、逆に、農業や漁業といった第一次産業というものは、基本的に男女共同参画で、女性も農作業をするし、漁村では海に出なくても陸で水産物の加工等に従事する。女性が家庭にいて生産労働に従事しなくてよいのは、江戸以前には上流士族の妻やお公家さんの女性に可能な特権ともいえるのですが、明治以降の日本の市民は、奥様をいただくサムライ式の男女の性別役割分業を階級上昇ととらえ、それに憬れて、自ら男性中心主義的社会を強化してしまったわけです。

国民皆兵の国是とともに、多くの市民が階級上昇としての士族意識を無自覚に共有してしまったため、プライベートな家庭という空間のなかでも、政治社会制度のなかでも、士族意識にもとづく男性中心的な価値観が強化されてしまった。

橘木　おっしゃる通りです。その点はあとでお話することになると思います。

佐伯　明治の近代化によって、士族的なライフスタイルが階級上昇として歓迎されたと同時に、農業に対する差別も、産業化がすすむ過程において強くなったことが重要であると思います。ジャネット・ハンターさんが『日本の工業化と女性労働』(有斐閣、二〇〇八年)において、明治以降の産業構造の変化によって男性の農業従事者が減ってゆくにもかかわらず、女性は農業を担い続けたと指摘されていますが、さきほど橘木さんがおっしゃったように、経済的には商人のほうが裕福であっても、士農工商という身分においては、商人よりも農民のほうが上だったわけですね。農民の実態は、東北の飢饉など悲惨な状態があったにせよ、身分制度上は上から二番目、という意識的支えが江戸時代にはあり得ましたが、明治の近代化によって経済中心主義が勃興してくると、名実ともに経済的な成功が社会的に価値のあるものと評価されていく。

反比例して、農業の意識的な地位は低くなり、結果として、農業であれば女性が生産労働に直接関わっていたものが、農業および農村地域の社会的イメージの没落とともに、〝田舎の農業〟は女性にまかせて、有意な男性は都会で学歴をつけ、立身出世をめざす、という人生モデルが出てきたのも実に皮肉です。あわせて、明治末から大正期にかけては、都会の奥様ライフが理想化され、女性の生産労働からの疎外もはじまっていった。落合恵美子さんもすでに指摘されてきたように、明治以降の近代化の過程で、ジェンダーの非対称性の問題が、産業構造の変化とともに、むしろ深刻になってゆきます。

橘木　質問があります。明治を代表する文豪、夏目漱石や森鷗外も士族中心主義なんですか。

佐伯　いいご質問をいただきました。士族の実態を知らない、経験していない、だが学歴を身につけた人物が、知識人として、士族意識を強く持った男性主人公を描く、というスタイルは日本の近代化の心性の象徴であると思います。鷗外の場合は石見の出身ですが、東京に出て帝大出で出世するというキャリアは、日本の近代社会の男性エリートのパターンを極めて見事に象徴している。厳密には士族出身でなくても、階級上昇としての士族意識を前面に出すことで、彼らは疑似士族として日本社会の新たな権力者となったのです。

橘木　鷗外について一言、二言追加しておきましょう。まずは鷗外の女性関係について。鷗外はもともとは東京帝大で医学を修めて軍医になった人です。ドイツに留学したときにドイツ人の女性と恋仲になり、彼が日本に帰った後に彼女は日本まで追いかけて来ています。ところが鷗外は藩家の御典医という家柄もあったのか家族から結婚を反対され、別の日本人と結婚しました。なんとこの日本女性とはすぐに離婚しています。このドイツ女性との関係からヒントを得て、別の日本人を仕立てて鷗外は『舞姫』（明治二三、一八九〇年）という有名な小説を書きましたので、なかなかしたたかです。

次に軍医・鷗外と作家・鷗外の二足の草鞋《わらじ》についてです。出世意欲の強かった鷗外は軍医のトップである軍医総監を目指し、人事抗争の中で権謀術数をめぐらせたことも知られています。

たとえば人事に敗れて九州の小倉に飛ばされたときの落胆振りは有名です。でも結局は総監にまで登りつめています。

人間鷗外は恋愛、医者、作家、出世と、普通の人間ではできない波乱万丈の人生を送ったことは確実です。しかもこの医者・作家の両刀使いを見事に成し遂げたので、非常に能力の高い稀有な人物だと言えます。ただし、後に話題になると思いますが、鷗外は嫁姑問題で悩んだのであり、この点では一般男性と同じでした。

佐伯　士族に話を戻しますと、士族のなかにも格差がありますからね。大名もいれば足軽もいる。大正生まれの知人も、「足軽まで入れて士族にするとは」と長年憤慨しておりましたので、士族意識は昭和にまで確実に残っていました。

橘木　そうだね。大名と下級武士とだとまったく違う。福沢諭吉の本を読みますと、自分は下級士族だから上のやつがのさばっていてたまらない、とさかんに言っている。福沢にも多少の矛盾はあります。彼の『学問のすすめ』では「天は人の上に人を造らず、人の下に人を造らず」という平等思想の正論を説いています。しかしここで述べたように自分は下級士族だからどんどん出世する上級士族と比較すると、損をしているという不平をあちこちで書いたのです。でも他の身分の低い多勢の人よりかはるかに福沢諭吉は士族として恵まれていたので、東京で成功した人生を送れたのではなかったのか。換言すれば、自分は人の上にいたからということを無視して、数少ない恵まれた士族の中での差によって、自分の出番が阻害された不満を述べるのは少し身勝手感があります。

話を戻しますと、夏目漱石は平民出身だけれども士族をたたえるようなことをたくさん書いたのですか？　漱石は帝国大学出身ですよね。昔は帝国大学出身は少ないし、非常にエリートとしてみなされていたから、その帝大出身というエリート意識が彼にそういう意識を持たせたのでしょうか？　そういう解釈は可能でしょうか？

佐伯　まさに橘木さんも書いていらっしゃる学歴の問題ですね。これは日本社会の非常に面白いところだと思います。イギリス研究の松浦京子さんと女性史についてのシンポジウムでご一緒した際、日本の近代化過程で階級の問題がシビアに出てこないのは非常に興味深い、とおっしゃっていました。日本は士農工商とはいっても、ヨーロッパ型の階級、身分とはかなり違って、先ほど申し上げた樋口一葉の樋口家の例のように、農民でも士族の身分を買うこともできたわけですし、実は階級流動の余地がかなりあった。そういう意味では、日本は明治時代に劇的に平等社会になったというわけではなく、さきほど来の例のように、戦後にも一部の旧士族のなかに士族意識がゾンビのように残る一方で、そもそも階級流動的な社会であったからこそ、四民平等が徐々に実態化してゆき、士族出身でなくても学歴をつければ、つまりは帝大を出ていれば高い社会的地位につき、かつての士族と同様の権力を手に入れることができた。

橘木　そういう感じが漱石から読み取れるというのは面白いですね。鷗外はどうですか？

佐伯　鷗外の家は御典医ですが、山陰地方、かつての〝裏日本〟は、江戸からは本当に遠い。うちの両親も山口出身なので実感をこめて申しますが、昔の総裁選の討論番組で、鳥取の石破茂さんと山口の林芳正さんが、お互いの地域に行く際に、羽田を経由したほうが早いとおっしゃっていたのはよくわかります。東京からは遠いし、地域間の移動も不便なのです。石見は明治維新の原動力となった松下村塾のある萩にも近いエリアですが、そういう江戸幕府から離れたところにいた人たちは、中央への政治的疑問を強く抱いて、その疑問をエネルギーに変えて明治維新を成しとげる。しかし、皮肉なのは、そうした辺境の下級武士たちがつくった新しい社会が、極めて男性中心主義的、中央集権的になったことですね。

下級武士や旧士族でない多くの男性にとっては、明治維新は人生の可能性、チャンスが格段に増えた時期ですが、それが極端化されたのですね。この点はヨーロッパ社会と違い、ヨーロッパの根強い階級社会は、男性も突破することが難しい。でも、日本の革命的な部分は、男性限定ではありますが、明治期には一般市民全体に、かなりの立身出世の機会がひらかれたということです。

橘木　女性にはそういう機会はほとんどなかったとおっしゃりたいのですね。

佐伯　やはり皮肉にも、明治後半になるほど、良妻賢母主義教育の影響で、夫や息子を支えることが女性の職務として強調され、自分自身の能力による階級上昇の機会は失われてゆきますね。ですが、明治前半にはどさくさにまぎれて（笑）、一瞬、そういう可能性がある時期がありました。

橘木　ではその例をぜひお聞かせください。

佐伯　たとえば岸田俊子は、明治の京都において一〇代で宮中に出仕し、『自由燈《じゆうのともしび》』に「同胞姉妹に告ぐ」（明治一七、一八八四年）というたいへん力強い評論を残しました。女性の社会参画を含む男女平等を「泣いて」切実に追求する主張は、現代人以上に真剣で、四民平等というからには男女も平等、という当然の発想があり、巖本善治と若松賤子のように、男女共同参画的な夫婦関係を実践する人でもありました。明治前半までの新聞記事も、働く母親への偏見は少ないですし、森有礼や福沢諭吉の一夫一婦論も、男女平等思想を基盤としている。ところが、明治維新のゴタゴタがおさまるとともに、市民全体が〝疑似士族化〟していきます。士族化していくということは女性は家にいないといけないので、明治の後半になるほど、明治民法や戸籍制度により、女性の社会参画の機運は衰退する。女性にとっては悩ましい時代が到来してしまうわけです。

橘木　明治時代の前半のほうがむしろ女性の自由化や平等化の道がひらけていた。しかし、男性の方から女性を排除する方向に向かっていったというのが明治の中期から後期にかけてということなのですね。非常に大切な点だと思います。

明治時代に国会ができましたが、選挙権があったのは男だけですね。このことが決定的な点ですよね。男が政治は牛耳るから女は黙っていろ、ということですから。こういう意識が出来たのが明治の中期なのだという話は非常に腑に落ちます。

佐伯　女性はただキレイにして黙っておけ、という制度が確立されていった歴史的事実と共鳴する心性を、私は『坊っちゃん』に見てしまいます。漱石ファンの人には怒られてしまいますが。

橘木　いやいや、そういう視点は非常に面白いですよ。

佐伯　『坊っちゃん』というのは見事に、女は黙っていろ、という世界なんですよね。マドンナはヒロインとして、イメージ的には非常に美化されているんだけれども、作中、マドンナ自身の発言権はほとんどありません。坊っちゃんがマドンナを最初に見る場面はたいへん象徴的で、すごい「美人」だけど、「声」が聞こえないというんです。それまで坊っちゃんは、マドンナのことを噂でしか聞いていないわけですが、その噂というのはすべて悪い噂なんですね。うらなり君を振って赤シャツになびいた悪女。当時の結婚の習慣から想像すると、うらなり君は親や家が決めた婚約者なんだと思いますが、マドンナは自分では赤シャツのほうが好きだったんだと思いますよ。だって、退屈そうなうらなり君よりも、洒脱で話のうまい赤シャツのほうがデートしていて楽しいにきまっています。しかし、漱石は文才があるので、実に巧妙に、読者がうらなり君に同情するように書いている。

橘木　女を奪われたかわいそうな男だというトーンなわけですね。

佐伯　そうなんです。でも、マドンナがどちらを好きだったかは、彼女の台詞としては書かれていないし、彼女自身の声がないんです。逆に、声がある女性は、男社会の価値観にうまくあわせる意見を述べる下宿のおばさんや、主人公に滅私奉公の清がそうですね。明治前半にみられたような岸田俊子的、若松浅子的な考え方は、『坊っちゃん』からはまったく感じられません。表立って社会的・政治的主張をしない女性が、漱石作品ではヒロインとして美化されますが、そういう作品が名作として「新潮文庫の一〇〇冊」になったり、新聞でリバイバル連載されたりしているのは、現代のジェンダー問題の根っこのようなものを示唆していると私はみています。

しかし、男性に奉仕することをアイデンティティとする日本女性も多いし、坊っちゃんのやんちゃぶりに共感する女性読者もいます。『坊っちゃん』はあまりにも見事に、明治以降の国民国家を支えた日本市民の〝国民皆擬似士族化〟の意識を代弁してしまったので、今も好まれているのでしょう。私にとっては迷作ですが……。

家族制度における血族主義

橘木　鷗外と漱石が登場したのでついでにお話しさせてください。私は家族について研究していますが、この二人の文豪は実は嫁姑問題でものすごく悩んでいます。この嫁姑問題というものには実に長い歴史があります。この文豪二人すら嫁姑問題でものすごく悩んでいたことはあまり知られていない気がします。どうして嫁姑問題というのが明治時代からいままで続いてきたのかな、と思うんですよね。佐伯さんの解釈をおきかせいただきたいのですが。

佐伯　そうですね、理由の一つに母子密着的な親子関係があるでしょうね。生産労働から疎外された、または自ら選択的におりた近代の母のアイデンティティは、息子を出世させることになりますし、あとで詳しくお話しするように、日本には欧米型の夫婦愛は形式的にしか受容されていませんから、夫ではなく異性である息子に愛情が向かいがちです。息子と母との疑似恋愛的関係は谷崎文学でも好まれるモチーフで、それを日本の読者が好むから、やはりそうした谷崎の作品は名作とされますよね。話題になったテレビドラマ『ずっとあなたが好きだった』（一九九二年、TBS）も、まさに母と息子の愛着を描いています。

橘木　鴎外も漱石も嫁姑問題で悩んだということは事実ですよね。

佐伯　そうですね。家の中心は男性という考え方を内在化させている姑ですと、必然的に、それに従えない女性とは軋轢を起こしますよね。しかし、姑側も、そうしないと日本社会でサバイブできなかったのではないかと思います。男性中心的な考え方に適応しないと、社会的にも家庭内でも、居場所を確保できない。明治生まれの嫁であれば、女性解放的な思想にも触れていたので、結婚まもない頃には姑の考え方と衝突したとしても、結局は自分を守るために、とりこまれざるをえなかったこともあるでしょう。しかし、その間に深刻な葛藤は避けられませんね。

橘木　嫁姑問題というのは、私から言わせれば同居するから起こるんだと思うんですね。海外では、だいたい結婚した子供は親と離れて別に家を設ける。しかし日本は同居することも多いです。そうすると、毎日、お嫁さんは義理のお母さんと顔をあわせなければならない。だから対立が起きる。別居すれば対立する確率は減る。いまの家族形態は日本でも同居するということが減っていますね。同居が減っているから、明治時代のような嫁姑問題はかなり少なくなっているように私は思います。

佐伯　結婚していなくても、成人したら親の住んでいる家を離れて暮らすのが、アメリカでは一般的ですよね。

橘木　みんな独立していきますよ。ところが日本は幸か不幸か長男が年老いた親の面倒をみる。それは家父長制なわけですよね。長男にとついだ嫁は家に一緒に住むことになる。そうすると女性同士が対決しだす。これはある意味自然なわけです。

佐伯　橘木さんとこういうお話をするきっかけとなったのは、京都大学でのジェンダー研究会ですが、そこで家族福祉か社会福祉かについての発表と議論がありました。そのときに、家族という概念や親子関係の質的な相違が、両者をわける要因になると私は思いました。アメリカやヨーロッパは基本的にキリスト教社会なので、カソリックかプロテスタントかの違いはあるとしても、家族のケアについて、血縁重視というよりも、隣人に対してケアをするという倫理道徳観が主流になりますよね。

橘木　まさに隣人愛ですね。

佐伯　そうはいっても最近の欧米の若い人は教会に行かないから、キリスト教的な倫理道徳観も薄い、と反論されることがありますが、そんなに根の浅い心性ではない。隣人愛の概念を基盤にすると、公的な社会福祉サービスというのは発達しますよね。逆に血縁家族のウエイトは減ります。ドイツで二〇一〇年に、トーマス・マン関係の文学踏査のためにリューベックを訪れたことがあるのですが、リューベックにはすでに一三世紀に建てられた聖霊養老院があって、いまでも使用されているので感銘をうけましたが、こういう施設が中世にあったのは、キリスト教的背景もあるでしょう。

一方で、儒教道徳の影響があった日本では、血縁の絆が非常に大きい。しかもそれが、公的な関係、私的な関係と強くリンクしている。だから世襲政治も出てくるし、家元制度も出てくる。あらゆる社会的なアライアンスの装置が血縁とつながっている。

ドイツで在外研究中に、中国からの女子留学生と話をしていましたら、「ドイツ人は本当に冷たいんですよ」とおっしゃるんですね。なぜなら、「子供がぜんぜん親の面倒を看ない。公的な施設にぽんと預けてしまい、長男でも親のケアをしようという責任感がない」というんです。中国の方の視点からは、そういう親子関係はとても冷酷なことで、私もその感覚は分かる。

嫁姑問題の底にも、同じ要因があるでしょう。血縁のない夫婦関係が、血縁のある親子関係に対して優先順位を主張しようとすると、必然的に軋轢がおこる。ただ、最近面白いと思ったニュースは、中国では共働き夫婦の子供は祖父母がケアするのが普通なのに、日本の祖父母は自分たちの老後の楽しみにかまけていて、孫に冷たい、という中国人の意見でした（「なぜ日本のおばあちゃんは孫の面倒を見ないのか？＝中国人が驚く日本の子育て事情」www.recordchina.co.jp/91117589.html）。おこづかいはあげるけど、ケアはしない。「孫は来てよし、帰ってよし」とはよく言ったもので、その意味では日本の高齢者は、意外と利己的なのかもしれません。

橘木　ヨーロッパは個人主義で、アジアは血縁主義という主張には私は異論があります。ヨーロッパも上流階級の人たちは血縁をものすごく大切にするんですよ。ダイナスティという言葉がありますね。貴族とか大きな会社の創業者一族とかです。しかし、下流階級は決してそうではない。そういう意味では、ヨーロッパは格差社会です。

佐伯　それはその通りだと思います。鷗外も『文づかひ』（明治二四、一八九一年）で、上流社会には結婚の自由はない、と不満を述べるドイツの姫を描いていますね。

橘木　私には不思議なことがあるんです。日本には儒教によって家族に愛を持ちなさいというような家父長制的な精神の国に日本はなったわけですが、基本的に日本は仏教ですよね。あなたは儒教の信者ですかと聞いて「はい」と答える人は日本では皆無でしょう。「仏教の信者です」という人はたくさんいますよね。仏教の影響というものが家族とかジェンダーを考えるときに大きな役割を持たなかったのでしょうか？　私にはこのことがとても不思議なんですね。

佐伯　それは重要な問題だと思います。意識的に仏教信者として自己規定する人は現代社会では少ないとしても、『源氏物語』にしても『今昔物語』にしても、近世の浮世草子等にしても、日本の古典文学の言説と仏教思想は切り離せませんので、日本文化の心性を潜在的に規定しているとは思います。

橘木　仏教は慈悲というのをもっとも大切にする教義らしいんです。そこと家父長制、すなわち家族を大切にしなさいということが結びついて、そこから日本でも家族を大切にしなさいという慈悲の精神が広まったのかなと、勝手な素人解釈をしているのですけれども。儒教と仏教が日本で器用にむすびついて明治や大正という時代の社会は形成された。

佐伯　明治の女性雑誌の言説がまさにそうです。海外の文化や宗教の受容における日本式変形というのは非常に興味深くて、いわゆる「三従の教え」――女性は父親、夫、息子に従うべきという考え方――は、江戸時代の儒教道徳と思われがちですが、明治時代の女性雑誌をみるとこの儒教道徳的な「婦徳」がかなり強調されています。〝国民皆疑似士族化〟としての近代国家にふさわしい〝上流〟の女性になるためには、士族の婦女の規範であった儒教道徳を守らないといけないという発想が出てくるのですね。

ところが、儒教のご本家の中国では、共産主義革命でドラスティックに女性の労働参画が進んで、共働きという意味での男女共同参画は徹底されることになった。漢字もそうですが、日本という国は〝ご本家〟以上に〝ご本家的なるもの〟を維持する文化的癖があるようです。

橘木　家族の間で助け合いないさい、といった儒教の精神は中国では現在もあるのでしょうか？

佐伯　さきほどの、日本の祖父母が孫育てに協力しないことに中国人が驚いている、というニュースは、その例かもしれませんね。落合恵美子さんを中心にしたフィールドワークによる東アジアの家族の比較調査の結果、実際に、中国で男女の共働きが成立するのは、祖父母が孫のケアを引き受けるからで、それがない日本では今後どうなるのか、という指摘があります（『21世紀アジア家族』明石書店、二〇〇六年）。三世代的な家の絆は、中国にはよい意味で残っているのかもしれません。
一方、日本社会の倫理道徳観は、必ずしも全面的に儒教道徳的ともいえない。人にどう見られるか、人にどうあわせるか、ということが重要なんですよね。

橘木 一橋大学の学長をなさった阿部勤也さんが「世間」という言葉をつかって説明していましたね。日本人は「世間」を非常に気にする。周りが自分をどう見ているか、ということを非常に気にする国民だというのは私も同じように思います。そういう雰囲気が日本の社会を規定してきたのではないかと思いますね。

良妻賢母論とは何か

橘木 明治・大正・昭和を通してですが、いわゆる良妻賢母論というものが女性の重要な生き方として提示されていましたし、そういう主張は強かった。良妻賢母というのは家父長制の裏面です。男は外で稼いでくるから、女は家のなかでいい妻でありいい母であれという思想。これを男のほうから植えつけたわけですよね。一方で、ルソーの『エミール』にも母というのはとても大切で、女性はよき母であれと書いている。ルソーは四〇〇年くらい前の人です。ヨーロッパで女性はよき母であれという主張と、日本の良妻賢母論というのは連関性があるのでしょうか？ 明治以降の日本の思想が流入してきたヨーロッパの思想に大きな影響を受けているということなのでしょうか？

佐伯　明治の前半はヨーロッパやアメリカの思想よりも、実質的にはむしろ儒教の影響が大きいように思いますね。さきほども申しましたように、明治前半の女性雑誌をみていると、中国の故事などをひきながら、儒教道徳的に夫や息子に仕えることを奨励する論調がある。武家の妻に通じる「家内」という考え方ですね。生産労働にたずさわらずに、家庭役割を担う女性が模範とされるわけです。

橘木　なるほど、そうですか。

佐伯　イギリスのヴィクトリア朝の「家庭の天使《ジ・エンジェル・イン・ザ・ハウス》」(The Angel in the House) という考え方は、日本近代の良妻賢母論との類似性が強いと思います。

橘木　良妻賢母論というのは女性の生き方を規定してきた考え方ですが、実際の社会を見てみると女性も働いていたわけです。さきほど佐伯さんもおっしゃったように農家では女性も重要な労働力だったわけですし、商人だって朝から晩まで女性もお店に出て働いている。だから、良妻賢母論というのはごく一部の、専業主婦ということが経済的に許されてできる上層部の人たちの思想だと思うんです。庶民階級はそんな悠長なことは言っていられなかった。

佐伯　おっしゃる通りです。ですから、あくまで良妻賢母論というのは社会、経済に余裕が出てこないと成立しない。「今日は帝劇、明日は三越」という女性のライフスタイルは、男性一人の稼ぎで家族の生計を担えるからこそ成立するのであって、専業主婦という立場は、そういう意味ではたいへん贅沢なものなんですよね。

橘木　いや、贅沢ですよ。明治や大正などではお金のある家でしかできないことですよ。

佐伯　専業主婦という立場が経済的に恵まれているということを、明治末から大正期にかけての近代化過程において女性たちは察知してしまって、女性の主婦化が進んだんですね。華やかな消費文化を享受できるのは都会の主婦の特権で、しかも、当時の主婦は女中さんを使いますから、ますます階級上昇感が強まりますよね。明治から大正はじめの新聞記事には、髪結や女車掌として働いて、家族を支えたり、学生の夫とパートナーシップを結んだりする妻の話が、美談として掲載されていますが、そういう女性の生計労働は時代がくだるほど、社会的ステータスの低い女性の振る舞いとみなされて、憬れの対象にはならない。ロール・モデルとしては受容されない。

橘木　それはたいへん面白い。ありていに言ってしまえば、ようするにお金のある、たとえば帝大卒の男と結婚したいとかいうことですね。そういうことが女性の夢になったわけですね。

佐伯　明治時代の女性雑誌を調べていると、近代の日本女性は士族コンプレックス以上に、華族女性に対する強いコンプレックスと憬れを持っていた。華族のお姫様は労働しませんよね。

橘木　もちろん、しませんね。

佐伯　国民国家の象徴としての近代天皇のイメージについては盛んに論じられてきましたが、女性にとっては、皇族、華族女性の可視化が、女性雑誌のグラビアとして顕著に出てきます。皇后や閑院宮妃、鍋島榮子《なが》など、現代の女性雑誌に通じる、皇族、華族女性のメディアによる理想化が、明治時代に始まります。

特に鍋島榮子のメディア露出は、現代の皇族もしのぐほどです。榮子はもともと公家である広橋家の出身で、維新後は伯爵家です。イタリア公使（当時）の鍋島直大《なおひろ》に嫁いで、日本赤十字篤志会会長となり（明治二〇、一八八七年）、あの時代の女性のあこがれのモデルです。立派な洋装写真が女性雑誌のグラビアを飾り、いまで言えばカリスマセレブですよ。

橘木　そういう人がいたんですね。そうですか、セレブですか。

佐伯　現代の女性雑誌でも、グラビア写真や記事を通じて、皇族に代表されるセレブリティに対する憧れをあおっていますが、明治時代がその源です。しかも、日本社会はヨーロッパ社会ほどの階級社会ではなく、階級流動的ですから、その憧れが現実にならないとも限らない。大名クラスの士族でなくても、幕末の志士たちには爵位が与えられ、西郷従道の家庭も〝セレブ家庭〟として雑誌にとりあげられている。「西郷家の家庭」を映したグラビア写真では、従道の妻・清子（薩摩藩士でのちに初代大蔵技監になる得能良介の娘）が、夫の従道と子供たちにつくす近代的な「良妻賢母」モデルとして表象されている。

橘木　西郷家が登場するなら、西郷家の親戚である大山巌の妻で「鹿鳴館の貴婦人」と呼ばれた捨松なんかも理想なんだろうね。アメリカの名門女子大であるヴァッサー大学で学び、容姿端麗で英語をうまく使いこなす捨松は社交界の花だった。そこで大山巌と知り合い、結婚しました。

大山は後に元帥にまでなりましたし、公爵の地位を得ましたので、正に貴婦人となりました。

佐伯　地域社会で、農村や漁村で夫とともに生産労働に従事し、生活のためにせっせと働くことは理想とされず、鹿鳴館的な〝セレブ妻〟を目指して、「内助の功」をつくす女性こそが、近代の日本の女性のロール・モデルなんですね。それは、近代化のなかの日本市民の階級上昇の欲求と、皇族、華族へのコンプレックスに由来していると思います。

閑院宮妃や鍋島榮子、西郷従道の妻が、「良妻賢母」モデルとしてメディアで表象されても、実際に彼女たちが自分でおしめを変えたり、食器洗いをしたりしているわけはないんです。

橘木　それはそうですよ。当時の華族でしたら、そういうことは女中さんがぜんぶやるわけですから。

佐伯　その点、明治の雑誌記事は正直なところもあって、乳母や家庭教師には言及しています。従道の妻は、実母の自分が子育てするとつい甘やかしてしまうので、子供たちの教育は家庭教師に任せ、厳しくしつけるようにお願いしている、と書かれている。鍋島家関係の記事でも、子供を養育先で厳しくしつけてほしい、という記述があります。一般の家庭では、子供ひとりひとりに家庭教師をつける余裕は必ずしもないと思いますが、そこはあまり問われない。

橘木　大山巌の妻の捨松は津田梅子と一緒に岩倉使節団でワシントンに行っていますね。捨松と津田梅子は、けれどもまったく逆の人生を送るというのは面白い。津田梅子は結婚せずに津田塾をつくってキャリアウーマンで頑張る。同じ使節団に参加した二人の人生がこんなに真反対である。ついでながら、岩倉使節団の他の幼い女子がどう育ったのか、簡単に振り返っておきましょう。吉益亮子と上田貞子の二人は滞米中に病気となりすぐに帰国しました。吉益は英語教師となるが三〇歳で早逝しています。上田は医師の妻となり上級階級の夫人となりましたが、生涯にわたって留学に報いることができなかったと悔いたとされています。

もっとも平穏ながら着実な人生を送ったのは永井繁子です。捨松と同じヴァッサー大で音楽を学びました。アナポリスの海軍士官学校に留学中だった瓜生外吉と出会い、後に結婚します。瓜生は海軍大将にまでなるし、彼女は東京音楽学校（後の東京芸術大学）の音楽・ピアノ教師として音楽教授を勤めました。妻・母・職業人の三つをこなし、かつ夫も出世という恵まれた人生で、五人の中ではスーパー・ウーマンの代表格です。

ところで当時の女性からすると、捨松のような生き方がいいのか、それとも、津田梅子あるいは永井繁子のような生き方がいいのか。いったいどのような人生を理想と考えていたんでしょうか？　やはり圧倒的に捨松なんでしょうか？

佐伯　捨松でしょうね。私も含めて、研究者の道を選ぶような女性は、つい津田梅子型の女性を評価したくなるので、女性史的にはあまり強調はされませんが、同時代の女性たちのマジョリティは、セレブ妻である捨松の生き方のほうにあこがれていたと思います。

橘木　津田梅子を支持する人たちは、本人が津田梅子的な発想や生き方をする人たちが多い、というのはたいへん面白いね。

佐伯　津田梅子は、たとえば現代ドイツに生きていればメルケル首相のような生き方があったと思いますが、歴史的には評価されても、同時代の女性のなかではあくまでもマイノリティですね。いまも同じような状態ですが（苦笑）。

生産労働に従事しない〝セレブ妻〟の理想化と反比例して、女性の経済的自立という発想は、明治後半からだんだんマイノリティになっていく。以前にラジオ講座でも話したことがあるのですが、明治半ばくらいのほうが、働く女性、特に働く母親は当たり前の存在とメディアでもみなされていますが、明治後半になるにつれて、〝女性＝家庭〟という規範を刷り込むメディアが増えてゆく。明治の女性雑誌は、本来は女性の啓蒙のために創刊されたはずなのですが、女子教育推進を主張する女性雑誌の中身は、実は儒教的な三従の教えを説いたり、セレブへの憧れをあおったりする媒体として機能してしまった。家庭情報を流すタイプの女性雑誌は、戦後になっても続いているものもありますが、逆に、『青鞜』は女性史的には著名ですが、せいぜい数年しか続かなかった。そのギャップが端的に物語っていますが、明治末あたりからの多くの日本女性は、杓子定規に男女平等をめざすよりも、生計を担わずに、きれいな格好をして三越と帝劇に行ければいいわ、と思っている。ですから、女性も主婦化に積極的に賛同したんですよね。〝男性社会〟だけが女性の労働市場からの疎外を生んだのではなくて、女性の階級上昇の欲望も重要な要因であり、一種の〝共犯〟関係にあった。橘木さんがさきほどおっしゃったように、男性は山陰の田舎から出てきても帝大を出れば出世できるという道があったけれど、女性にはそういう道がなかった。女性は戦前、選挙権もありませんでしたが、帝大に入れなかった時期も長かったわけですよね。そうした状況で女性が階級上昇の欲望を満たすためには、消去法でセレブ妻しかなかったということにもなるわけです。

橘木　なるほど。非常に面白い話ですね。

最近、将来のノーベル経済学賞を受賞するかもしれないほど影響力のある本になったピケティの『21世紀の資本』を読んでいたら、バルザックの『ゴリオ爺さん』という小説が何度も出てくる。で、読んでみたんです。そうすると、登場するのは出世欲のある男で、南仏からパリに出てきて弁護士で一生懸命勉強して偉くなろうとするんです。だけど、そんなことするよりも金持ちの娘と結婚したほうが手っ取り早いとまわりから言われる。いまの佐伯さんのお話をうかがっていると日本だけのことではない。上の階層に行くには自分が努力するだけではなくて、結婚相手を利用する。『ゴリオ爺さん』の場合は男性が結婚相手の女性を利用する。明治の日本はその逆ですね。結局、結婚というイベントを通して上昇を目指すというのは東西ともに同じだというのはたいへん面白いですね。

西洋の場合は、オーソドックスな形として田舎から一芸に秀でた美男子が、パリのような都会の社交界に出てきて、そこで、上流階級でだいたい婚約者がいる女性と恋に落ちるという筋書きがありますよね。さきほど出た日本の儒教と仏教の話題に戻しますと、儒教というのは科挙制度を入れる際に同時に持ってきたもので、いうなれば官僚制や政治体制のための思想という一面をもっています。しかし、儒教はかなりシステマティックなものですから救済という宗教のもつ機能を果たせない。そこで仏教はその精神的な面を補てんするかたちで日本に導入されたということがあります。ですから、儒教は「孝」という上下関係を大切にし、仏教は慈悲という平等意識を大切にするやや矛盾するような二つが車輪となってまわって日本の社会は形成されているように思うんです。そして、その最小単位は家族ということになります。天皇を頂点とする共同体という意識のある日本、その共同体観のもっともミニマムなものが家父長制のもとでの家族です。ですから、日本の男というのはつねにそのミニマムな単位を背中に背負っているユニットになります。だから男性はその家を捨ててほかの権力をもった家に行く際には婿になるという方法をとるしかないわけですが、その権力のある家に男子がいた場合はこの方法は使えない。ゆえに女性が権力のある男性の家に嫁いでくるというかたちになる。つまり女性がセレブ妻を目指すことになるわけです。一方で西洋はさきほど話したように一般大衆にはあまり家の意識がない。だから男性は家を守る、あるいは家によって守られるということがないわけです。よって、イケメンがひとりで都会に出て来て立身出世を目指すときに権力のある人の娘と結婚してそれを実現しようとする。そういう違いがあるのではないかと思います。『ゴリオ爺さん』はまさにそういう話です。そうすると日本では女性がいい男と結婚するためには美人でないといけないわけですかね。

佐伯　日本でもフランスでも、結婚によって女性も男性も階級上昇の可能性があるというのは面白いですね。ただ、そこで構築される男女関係を考えると、ヨーロッパでは「騎士道精神」という歴史が背景にあるので、男性が身分の高い女性に奉仕するスタイルが、パートナーシップとして理想化されるモデルがある。たとえば、女王というトップに奉仕する男性、女性をたてる男性は、それだけ度量があるジェントルマンとみなされ、エリザベス女王に奉仕する男性の臣下や、エカテリーナ女帝にかしずく男性は、それを名誉と考える。現在のエリザベス女王とエディンバラ公のツーショットも、騎士道精神を背景にするとすんなり理解できますが、日本では妻のほうが収入や社会的ステータスの高い夫婦を、平気で「格差婚」などと揶揄し、極端にいえば夫はヒモとみなされてしまう。あるシンポジウムでこの話をしたらコーディネーターの井上章一さんが「なるほど、日野富子に袴をさし出す家臣はおらんわなあ」とすかさずおっしゃって、なるほど、と思いました。

近代日本の恋愛観

橘木　恋愛ということも一つの大きなテーマになると思います。昔の上層階級の男というのは妻はいるけど妾や愛人のようなほかの女性をかかえていますよね。これは男の甲斐性とかいわれて、社会的に一定程度認められていた雰囲気があると思いますが、ヨーロッパはどうなんでしょうか？

佐伯　キリスト教化以降のヨーロッパでは、一夫一婦という規範が支配階級である王室の夫婦をも規定する。地位と名誉にものを言わせて複数の女性と関係する男性に対して、日本社会はなぜか寛容な傾向があると思います。

橘木　日本ではどうして甲斐性のある男は妻以外にたくさん女をかこってもいいということになるのでしょうか？

佐伯　それは、非キリスト教国であることと、『源氏物語』が古典化したことにも大きな源があるんじゃないでしょうか。

橘木　なるほど、光源氏ですか。では、そういう風潮の歴史は平安時代からあるということですか？

佐伯　『源氏物語』は、一人の男性が多くの女性と関係する話なのに、日本では絵巻物から調度品に至るまで、多くの美術品のなかに多メディア的に展開して、連綿と美化され続けているのですね。不思議なことに、そういう物語が男性ではなく、むしろ女性にとっての憧れの物語として機能してしまっている。

橘木　能力や権力のある男にたくさんの女性が集まるという構造を、女性の側も認めているということですか。それに加えて、著者である紫式部も女性というのが興味深い。

佐伯　それは、絵巻物のような視覚的に高度な美術品として再生産されるゆえの、メディア的刷り込みの影響が大きいと思います。お香のモチーフにもなり、物語の内容は女性のための教養になっている。私は、あれほど女が泣かされる物語がどうしてこれほどまでに女性にうけいれられるのか、ということが個人的には疑問ですが、以前、瀬戸内寂聴さんが、『源氏物語』に女性が惹かれるのは、薄幸の女性に共感する女性が多いからではとおっしゃっていました。非常に美しい文体とヴィジュアルイメージが多くの女性を惹きつけることによって、実質的には一夫多妻的な男女関係をうけいれてしまう心性を養っているようにも思います。

橘木　やはり美男でお金と権力が男性の側にないとできないわけでしょう？　そうすると一般大衆の男はどうしていたんでしょうか。少し話題は飛びますが、中東諸国では一夫多妻がイスラム教の教えもあって認められています。そうするとお金と権力のある男性が数人の女性を囲い込みますので、男性が余ります。法律で禁止されていますが、愛に飢えた男性のなかには同性愛に走る人もいるわけです。中東でゲイの多い理由の一つがここにあります。一人の男性に女性が集まるということについて、日本はどう考えたらいいのでしょうか。

佐伯　近世以前の社会は皆婚社会ではなく、男性も次男以下や経済状況によっては結婚しにくかったわけですよね。皆婚社会という前提は古いものではない。

橘木　要するに美男でないお金もない権力もない男がずっと独身でいるのはまずいから、上から目線で一夫一婦制にして皆婚社会化しようということです。ひとりの男がたくさんの女を抱えてしまったら、それは男は余りますよ。

佐伯　なるほど。女性史の面から見ると、明治期の知識人が提唱した一夫一婦の規範は、主として女性のために、蓄妾廃止といった男女平等の実現という側面が言われますが、権力と経済力のない男性にも結婚の可能性を与えたということですね。

橘木　私はそう解釈していますよ。もとより明治時代において一夫一婦制の提唱をした人は西欧の影響を受けています。たとえば初代の文部大臣・森有礼は若い頃に薩摩藩から密留学して欧州で勉強します。そこで一夫一婦制の家庭生活に接して、帰国後にこの制度を主張しました。明らかに西欧の影響を感じますが、一方で結婚できない男の救助ということも頭の隅にあったと考えられます。

佐伯　それはたいへん興味深いご指摘ですね。

橘木　弱い男を助けようという社会の発想ですよ。

佐伯　そこは日本の男性史を考えるうえでも重要なポイントだと思うのですが、皆婚社会の到来によって結婚の選択を与えられた近代日本の男性は、一夫一婦を通りこして、結婚後には権力と経済力を手に入れた証として、妾をもつことがステータスとなるのですね。明治期には、議論としては一夫一婦の実現が提唱されるのですが、実態としては、階級上昇した男性は普通に妾をもっていた。尾崎紅葉が明治二五（一八九二）年の『読売新聞』に「三人妻」という作品を連載していますが、地方の貧農の出身で東京に出て、実業家として成功した男が主人公で、橘木さんのお話でいうと、江戸以前なら結婚することさえおぼつかないような男性が、都会で成功して結婚できたうえに、さらに三人も妾を作っている。一夫一婦の理想などあったものじゃありません。

しかも新聞連載ですから。

橘木　成功の証に妾を三人もつ、ということだね。なるほど。実は戦後の昭和時代でも権力者は妾を抱えました。一つの例として田中角栄元首相は国会の答弁で、自分には妾のいることを認めました。

佐伯　女性のほうはどうか。女性も階級上昇するために結婚を利用します。「三人妻」にはおせんべい屋さんの娘が出てきますが、彼女も階級上昇したい。でも、おせんべい屋さんの娘を〝良家の奥様〟にしてくれる先などないと自分で納得して、妾の一人になることを積極的に選ぶのですね。権力や経済力のある男性の正妻になることができないのなら、成功した裕福な男の妾の一人になれれば、それでいい。

橘木　そこが到達点ということですか。そこからさらに上を目指すというようなことはないのでしょうか？

佐伯　尾崎紅葉はそこまでを到達点として描いていますが、それが当時の女性のリアリティだったのだと思います。三人の妾のうちの一人というのが精一杯だし、その女性にとっては十分な出世だったのではないでしょうか。

橘木　そういう状況が「あがり」だとして、彼女たちは子供は作るんでしょうか。家父長制ですと本妻の子供が跡継ぎですよね。妾の子供は遺産相続でこれまですごく差別されていました。最近やっと法律的に平等になりましたが。そういったことは文学作品にはあまり書かれていませんか？

佐伯　文学作品の場合は、小説的な、ご都合主義的側面もあるとは思いますが、本妻に子供がいなくて、他の女性とのあいだに子供をつくる例が描かれますね。しかも、その子供を本妻が育てるケースも描かれる。戦後文学でも、宮尾登美子の『櫂』（昭和四二、一九七二年）がそうですね。

橘木　それは江戸時代からありますよね。領主なんかは本妻に子供、とくに男の子がいないときに、側室に子供を産ませて、その子が男の子だったら跡継ぎにさせるということを習慣的にやってましたからね。

佐伯　そういう文化が明治の近代化における〝国民皆疑似士族化〟とともに、庶民の間にも広がったということですね。いわば社会的成功者の〝大名化〟です。ただ、男性は〝大名化〟するけれど、女性は士族のロール・モデルに従って、それに異を唱えなかったんですね。橘木さんとお話して整理されてきたのは、江戸から明治になって近代化されたというけれど、現代につながる核心的な部分は変わっていないということです。

キリスト教思想の影響で明治時代に恋愛結婚や夫婦愛の概念が提唱されましたが、それは表層的にしか受容されず、江戸のサムライ的な家族モデルというものが実質的に主流化していった。サムライ型の結婚モデルはジェンダー平等ではないですよね。男性が外、女性が内で、ジェンダー役割は非対称ですから。しかし、それで居心地がいいと感じる夫婦が、日本社会のマジョリティとなれば、誰も人さまの価値観や夫婦観に対して、あなたたち夫婦は間違っている、とは言えないわけです。人間、何に幸福を感じるかはそれこそ自由ですから。間違っていると言えるのは神様だけ、つまり宗教じゃないと言えない。

そう考えると、キリスト教は人間というものをよく見極めている。人間、ほっとけば結婚しないかもしれないし、愛のない夫婦でもオーケー、ということを冷静に見すえたうえで、教えを説いている。愛ある結婚の実現が人生の重要命題だ、と神の視点から人間に説こうとする。

戦後まもない時期の自由恋愛を描く石坂洋二郎の『青い山脈』（一九四七、昭和二二年）でも、聖書が引用されます。神の視点がないと、結婚しなさい、夫婦愛を実現しなさい、と強制はできない。愛なんかどうでもいいから、私はリッチな男と結婚して贅沢するほうが幸せよ、と言われれば、それで終わりですし、結婚しなくても幸せ、という価値観もありとなりますから。

そうはいっても、キリスト教化した欧米の場合でも、離婚は多いわけですから、「オンリー・ユー・フォーエヴァー」（二人の相手と永遠に）という近代恋愛と結婚の理想の実現は、どの社会、文化でもそう簡単なものではないと事実が証明しているのかもしれませんね。ただ、日本の場合は、表むき恋愛結婚といいながらも、実質は、男性の経済力と再生産を担う女性の家事育事役割とのバーターという暗黙の了解がありがちですが、欧米は、とりあえず出発点としては理想主義を貫こうとする。ただ、最初から愛情という不確実なものを担保にしていない日本の結婚のほうが、形式的な結婚契約は続きがちともいえる。

橋木　ただ最近は日本も離婚率は増えていると言われています。戦後の一九五〇（昭和二五）年では離婚数が年に六〜七万件、離婚率が一・〇あたりだったのが、現在では離婚数が年に二三万件程度、離婚率で一・八あたりに上昇しています。夫婦三組に一組は離婚すると言われています。いまや離婚はまったくめずらしいものではない。そう考えると日本の社会も徐々に欧米型に向かっているということが言えますね。

佐伯　日本は晩婚化が進んでいますが、海外の初婚年齢についてはいかがでしょうか。

橘木　いやいまは結構高くなっているのではないでしょうか。欧米でも昔は結婚したら女性は専業主婦になるという人が多かったのですが、いまは働く女性も増えた。そういうことが関係していると思います。女性の教育水準が高くなってくると、キャリアをまっとうしたいという女性が増えてきた。結婚年齢は遅くなりますし、離婚も増えてきた。

江戸時代の統計を調べると初婚年齢がものすごく早いですね。二〇代というのはもう遅いほうです。

佐伯　明治時代の女性の結婚適齢期として描かれるのは、文学的には一六歳ですね。

橘木　明治で、ですか。統計によると、明治の末期（一九一〇年頃）では女性の初婚平均年齢は二三歳、男性は二七歳でした。文学作品と現実では違いがありますね。ちなみに現代では女性が二九歳、男性が三一歳ですので、女性の初婚年齢の高くなったことがわかります。さらに、男女の結婚年齢差の縮まったことも特筆されます。

佐伯　明治文学には、「二八《にはち》」という表現がありまして、文学的な語呂もあるでしょうが、2×

8で一六歳で適齢期、行き遅れ感も出てきます。出産を考えると理に適ってはいますね。

橘木　結婚することの大きな目的のひとつは子孫をつくるということですから、そのためには早い方がいい。

佐伯　初潮がきたら結婚という発想は、人間としてはともかく、生物的生き残り戦略としてはたぶん合理的なのだと思います。

経済的観点からみたジェンダー役割分業

橘木　明治・大正というのは庶民の女性は働いていました。専業主婦は少なかった。ですから、専業主婦というのは一部のお金持ちの男性と結婚した女性だけがなれる立場だったわけです。庶民の女性たちにはさまざまな「仕事」がありました。まず妻としての仕事、次に農業や商業など生産労働、それから子育てですね。三重苦を強いられていたわけです。そうすると非常に苦しい。苦しいのは嫌なわけです。専業主婦はそういう女性たちからすると夢だった。労働、家事、育児、さらには四番目には夫の親の介護といった苦痛の加わることもあった。こういう三重苦、あるいは四重苦から解放されたいというのが当時の一般女性たちの思いだったと思っています。

その専業主婦という夢を達成できたのが、戦後の高度成長期が終わって日本の経済が豊かになってからです。具体的に言えば、夫の所得が高くなったんです。そのことで少なくとも働く必要はなくなった。夫の所得だけで食べていくことができるようになった。そういう時代になったことで専業主婦が登場してくる。もうひとつ重要な視点があります。高度経済成長期というのはものすごい労働移動が進んだ時期なんです。田舎から大都会に労働力を移動させた時代です。というのは都会には労働力を必要としている仕事場がたくさんありましたから、そこに地方からこぞって人が集まってくる。しかもその必要とされている労働力の担い手というのは若い人たちです。若い人は地方で育って都市で労働して結婚して都市で生活していくわけですが、ここで重要なのは彼らの年老いた両親が田舎にいるということです。ですから高度経済成長期というのは女性にとって介護という労働から解放されるような状況、あるいは時代になったとも言える。ところが、日本がどんどん豊かになっていくと女性もきちんとした教育を受けられる環境が整ってきたわけです。明治は女学校に行くのがせいぜいです。きちんとした教育を受けられることで女性も社会に出て活躍したいという気持ちを当然持ちます。そうして専業主婦から働く女性へと変化する時期がやってきます。

一度、専業主婦の夢はかなったわけですが、その後、女性が教育を受けることができる環境が整ったことで再び働く女性へと移行したと整理できる。これが経済学の立場からの見方です。

佐伯　ずっと気になっているのは、性別役割分業というのは、経済的な観点から考えれば、つまり国力や経済力を増進させるためには合理的なやり方だったのかもしれない、ということです。

江戸時代には、各藩の自立性が比較的高かったものが、明治時代になって日本という国民国家の大きな枠組みのもとで、中央集権国家になったときに、欧米列強に対抗するため、植民地化から身を守るために、国力増強が課題となった。それとほぼ期を一にして、男性は外で生産労働をして、または兵士として国外で戦って、女性を内で、国内で、その補助役にあたらせる、という性別役割分業が、〝国民皆擬似士族化〟の階級上昇意識とともにあらわれたわけですね。

戦後も焼け跡から復興するために、同じような考え方、男女の性別役割を峻別する家族モデルを基盤として、高度成長の達成に至ったと考えてもよいのでしょうか？　まさに企業戦士と、その銃後の守りの妻という形で。

橘木　それはものすごく正しい。佐伯さんには経済学の素養があります。我々がやっている近代経済学というのは、分業というのを大切にします。分業というのは、得意なことを持っている人は自分の得意なことをやりなさい、ということです。なぜなら得意なことをやれば、それだけ生産性が高まるからです。男は外で働いて生産労働するということに向いている。なぜなら力も強い、身体能力も高い。一方で、歴史の中のある時期においては女性は体力がない、不幸にして教育を受ける機会に恵まれていない、よって社会に出て生産労働をさせても生産性は高くない。しかし、女性は家庭のなかで家事や育児といった再生産労働に特化すればたいへん生産性が高い。ということで、性別役割分担がいい、となるわけです。このことをきれいに証明したのがシカゴ大学のゲイリー・ベッカーという経済学者です。経済学的には男性が外、女性が内ということの正しさは証明されているわけです。しかし、マルクス経済学というものがあります。マルクス経済学では、労働者は資本家に搾取されることを、哲学と経済学から証明しました。その事実は男女関係にも応用したのです。すなわち、女性が家にいて家事や育児に特化し、男性が外で賃金労働をして稼いだら、そこには経済的な搾取関係があらわれると言っています。つまり、女性は男性に隷属せざるをえないという立場になる。これが上野千鶴子さんたちが主張していたことです。資本主義におけるジェンダーの役割は、結局は、男性に女性が搾取されているということだ、ということですね。この主張が一九八〇年代に登場してくるわけです。ですから、経済学でも近代経済学とマルクス経済学の考え方は違います。

佐伯　その点、日本社会では、おこづかい制という独特の家計習慣がありますから、搾取と言い切れるかどうかが微妙ですね。

何をもって豊かさというか、ということもたいへん難しいと思います。経済力や軍事力を国家として増強させるためには、生産労働と家事労働を分離してどちらかのジェンダーをどちらかに集中させる性別役割分業型社会のほうが効率的なのかもしれませんね。

明治の国民国家の国力増強戦略、近代化戦略は、戦後の高度経済成長期の戦略と、国家全体の成長を第一義とするという点で共通していたのだと思います。そこにジェンダー分業が、効率的な方法としてむすびついてきた。女性もそれを、豊かな社会の到来として容認したのだと思います。

橘木　私は半意図的に容認したように思いますけどね。もう一つの不幸を加えれば、戦争のために兵士の数が多く必要となり、「産めよ増やせよ」の国策が女性に要求されたことがあります。

佐伯　ジェンダー分業が国家運営システムとして有効であり、最大多数の市民に最大多数の幸福感を与えるのであれば、必ずしも否定できない。しかし、女性の家事育児専業化が、明治以降の女子教育における「良妻賢母」イデオロギーとむすびついてしまったことが問題だと思います。都市化、産業化が進展する以前の明治期には、働く母親はめずらしくなかったので、おのずと家事育児に集中できる母親も少なかった。東北の農村の母親は農作業に忙しくて子供にかまえないので、一人ぼっちでさみしい赤ちゃんは、自分の手をたべたり、足をたべたりして気をまぎらわせている、という土方巽さんの神がかった感じのご講演の余談が、今でも印象に残っていますが、専業主婦が階級上昇とみなされたのも、家事育児に専念できる時間的、体力的余裕ができるからという意味がありますね。

以前、ある講演先で、そこは第一次産業中心の地域だったのですが、「男性と同じく農作業等をしても、家に帰ったら女性は、さらに食事のしたくなどの家事をしなければならないから大変だ」と同情のように男性がおっしゃっていたことがあるのですが、同情する以前に、なぜ目の前で疲労困憊している女性を手伝おうとしないのか、人として不思議でした。

確かに、生業に忙しいと子供にかまえないですし、第一次産業はそもそも「家事も仕事も」という面がありましたから、育児に集中したほうが高度な育児が可能になるという考え方は、明治時代の女性雑誌の家事関係の記事を支えていますね。国全体が貧しい時期には、この論法は成り立ったと思います。けれども、その考え方が歴史的に、未来永劫通用するかというと、そうではないと私は思います。

高度経済成長を経て、掃除や洗濯や料理といった家事をそれぞれ掃除機や洗濯機や電子レンジがやってくれるようになって、余剰時間の増えた一部の専業主婦は、子供に過干渉になり、その弊害はモンスター・ペアレントの出現として既に表面化している。専業主婦至上型の「良妻賢母」モデルは、現代社会では破たんしていると思います。

橘木　それはとても大事です。経済成長を達成し、技術進歩が起こる。そのことで家事に費やす時間が少なくなったということは、女性が社会に進出するために必要な条件だったと思いますし、女性の社会進出にとって非常に大きなことです。佐伯さんのおっしゃるとおりです。

女性が社会に進出することが可能になったもうひとつの理由は、働き方が楽になったということだと思います。昔は、工場などでの重労働が多かったんですよ。鉄鋼の工場、自動車の工場、炭鉱などでの力仕事ですね。しかし現代にいたってそういう苦しい肉体作業中心の鉱業、製造業にかわってサービス業が主流になるにつけ、力がなくてもできる女性向きの仕事が多くなったわけです。

佐伯　ITやサービス産業が増えたことで女性が労働に参画しやすくなったということは、一面ではいいことかもしれません。ですが、日本の場合、近代化以降の女性労働は、女性も平等に生計を担うべきだという責任感にあまりつながっていない。その点、明治の女性たちのほうが、病弱な親や弟妹たちを支えて、身内の生活費、学費のために当たり前のように働いていた。現代女性よりもはるかに責任感が強い人たちで、決して、〝自分のやりたいことがやりたい。社会でも目立ちたい。でも、生活費は夫が稼いでね〞などというお気楽な動機で、趣味的に働いていたわけではありません。私が違和感を覚え続けているのは、家事に多くの労力が必要なくなった現在にあっても、多くの日本女性の関心は、男性と同じように生計を担うべき、という方向にいかずに、あまった時間を子供への干渉や趣味に向ける傾向にあるという点です。親が入社式に同伴など、昔はなかったですし、お受験ママやママ友同士の人間関係への関心も肥大します。いまや、ママ・カーストという、居所や持ち物、夫の収入でお互いに差別しあう習慣まで生まれているといわれています。

橘木　それは子供の数が少ないことと関係しているんじゃないですか。先程紹介したベッカーなどの人的資本論者は、子供の数が少なければ一人の子供に投入できる教育投資の額は多くなるので、生産性の高い子供に育つとして、子供の数は少ない方がよいと主張しているほどです。昔は四人、五人の兄弟姉妹というのは当たり前でしたが、いまは一人っ子、そしてせいぜい二人っ子が多いでしょう。俄然、一人にかける手間は多くなる。

とくに専業主婦はそうでしょう。ただ、いまは専業主婦の数は減っていますからね。私の考えでいえば、専業主婦の女性と働いている女性の子供の育て方はぜんぜん違う。そのことを佐伯さんはおっしゃりたいのでしょうか？

佐伯　一面はそうですね。経済が豊かになるまでの一時期は、〝専業主婦＝良妻賢母〟という図式は成立していたと思うんです。さきほども申しましたように、格差社会の底辺で生計を担うことに追われていた女性は当然、子育てに手をかけられません。しかも、昭和期に女性がまとまった収入を見込める仕事というと、水商売が選択肢になる。そうすると、夜出勤して朝帰宅するという生活のなかで子供を育てるわけですから、それが良い母と言えるのか、という議論が出てきて、専業主婦至上主義的な子育て論が語られることになります。

ただ、家庭に入ると必然的に、家庭外の人間関係が希薄になりがちですから、そうなると必然的に社会性のある話題も限られてくる。

橘木　ということは、佐伯さんは専業主婦が育てた子供はよく育たないとお考えですか？

佐伯　いいえ、有職者でもモンペ気質はあり得ますので一概には言えず、個人差も大きいと思います。ただ、いずれにしても、手をかけすぎると、大人になっても、人に世話をしてもらって当然という、自立できない子供が育つ傾向はあるでしょうし、昭和の主婦は家事労働が重労働であったがゆえに、それなりの責任感や信念もあり、子供を叱って育てたし、教師が叱って親が文句をいうこともなかった。でも、私はバブル期が重要な転換点ではないかとみています。バブル期に苦労しない青春をすごして中年期を迎えた親世代は、世の中を甘く見ているので、子供にも甘いし、叱って育てない。この点は母親の就業状況にかかわらずありがちな気質かもしれません。

橘木　昔の子供の育て方のほうが、いまの子供の育て方よりもよかったということですね。それは、誰に責任があるのでしょうか？

佐伯　源をたどれば、その責任は、働く母親を否定し続けた明治末以降のメディアにあると思います。

橘木　高度経済成長期以降、女性は専業主婦からキャリア志向へと一時期転換しましたが、いままた専業主婦志向が復活しています。バブルまでは専業主婦が減少した。しかし、バブル以降は専業主婦志向は増えている。それはやはり働くことと家事、育児の両方をやることはしんどいからですかね。あるいは、職を求めてもいい仕事がないという低成長時代に特有な実際的な状況も反映しているかもしれません。消極的に専業主婦を選ぶ人が増えたということでしょうか。

佐伯　長時間労働と遠距離通勤が解消されないということが大きいと思います。ワークライフバランスと口でいくら言っても、働き方のスタイル自体が改善されなければ、現実上の是正は無理ですし、女性の社会参画も進まない。

橘木　その意見には大賛成です。安倍首相が女性の活用とかさかんに言っていますが、少なくともいままでは女性が社会に出て働いてもいろんな壁があった。その壁のまえで立ち尽くせば、もう社会に出て働くことをやめて専業主婦になりましょうという女性が出てきたのもやむを得ないと思います。それと日本はまだ子育て支援が不十分です。本当は働きたいのに子供を抱えながら仕事を続けるというのは大変です。それがわかっているから消極的な理由で専業主婦をやらざるを得ないという女性も増えてきたかもしれませんね。

もうひとつ、あえて三つ目の理由を付け加えれば、楽な人生を送りたいと思う女性も増えたのではないですか。専業主婦は楽じゃないですか。何と言っても専業主婦は夢だった時代があったわけですからね。

佐伯　気苦労など、精神的ストレスもありますから楽とは言いきれませんが、生計のために外で働くのがこんなにしんどいのなら、しんどいことは男のひとにまかせましょうという発想が出てきても不思議ではありません。人間ですから……。

さらに、欧米型のジェンダー平等を阻んでいる大きな理由として、家計におけるお小遣い制があると思います。生計を担うのは夫にまかせて、かつ夫の収入を管理して、夫に少ないおこづかいで我慢してもらっていたら、それを選ぶ女性は減らない。この慣習がなくならない限りは日本の共同参画は進まないと思います。男性週刊誌にはしばしば、おこづかいの少なさを嘆く夫たちの記事が掲載されますし。

橘木　しかし、あるいは男の立場からすると、家計の管理まで俺はやってられない、という意識なのかもしれないと考えられませんか。

佐伯　ですから、その意味でも日本は仕事が忙しすぎるということでしょうね。明治期のような格差社会では、特に低収入の世帯の場合は、やりくりという作業が大変なので、女性にまかされた。しかし、経済的に豊かになっても、その慣習自体は残った。日本社会の夫婦の実態の多くは、岩男寿美子さんが指摘されているように、「男性優位、女性上位」という二重構造です。だから、女性も家で実権を握っているからそれでいい、と納得していて、欧米型のジェンダー平等に共感しにくいのです。

橘木　なるほど。共稼ぎのご夫婦は自身の財布をそれぞれ持っているような形態がいま増えているようです。私は新しいかたちだと感じます。

専業主婦の誕生

橘木　明治時代の社会や家制度などの変化をすこし整理してきました。ここでは日本の専業主婦の誕生を考えてみたいと思います。

先にもお話したように明治時代は基本的に農業と商業が中心の社会でした。ですから、当然、女性も男性と同じように働いていたわけです。ただし結婚した場合は、生産労働に加えて、家事や子育てのような再生産労働も求められるので、生産労働をする量が男性よりも減るということはあると思います。もちろん、非常に裕福な家庭においては女性は専業主婦でありえた。しかし、それは例外です。

明治以降から大正にかけて日本の近代産業化はたいへんなスピードで進む。こうした産業革命は、農業や商業ではない雇用労働者としての工場労働者などの増加をもたらします。さらにはブルーカラーではない、ホワイトカラーの労働者も増える。ホワイトカラー労働者の所得というのは、ブルーカラー労働者よりかなり高い賃金をもらっていました。一〇倍以上です。ですから、この時期に登場してきたホワイトカラー労働者の男性の妻は生産労働をしなくてもいいということになります。このころがまさに専業主婦の誕生ともいえる時代です。これが第二次世界大戦くらいまでの話です。

第二次世界大戦が終わると、どのようなことが起こったか。戦争が終わった直後は日本の産業は壊滅的な状況でした。ですので、農業とか商業にふたたびつく人は出てきました。このことが終戦直後からある時期までの女性の労働者の数を増やしています。その後、一九五五年くらいから高度経済成長が日本に起こってくるわけです。産業化・工業化がどんどん進みます。戦争によって、とまっていたホワイトカラー化の流れがふたたび進む。これが一九六〇年くらいです。そのころ、ふたたび専業主婦が増えていく。経済史的にみると専業主婦の誕生から現在まではこういうかたちになっていると理解していいと思います。

高度経済成長期が終わり、安定期になり、そして不況期になる。こういう時期になると、専業主婦に対する女性の考え方も変わっていきます。

佐伯　明治の近代化がやろうとしたことが高度経済成長期に完成したというのが、女性史でも同じだと私も思います。先にもお話したように、専業主婦として家事や育児にエネルギーを傾注することが「良妻賢母」とされていたわけですが、橘木さんがおっしゃるように、経済的に豊かな状況でなければ専業主婦はできない。男性一人の賃金で生活できるということが条件ですから。

橘木　しかし、全員ではないというところが重要なわけです。女性が専業主婦になれるかは、職業によってと、夫の収入によって分けられていた。そこが大事な点です。女性から見たら、専業主婦というのは夢だったのではないか、と私はさきほども申し上げました。働いて、家事もやり、夫の世話も子供の面倒もみて、さらには夫の両親の面倒もみなくてはいけない。こうした四重苦のなかにいる女性にとってみたら、夢のようですよね。

高度経済成長期に起こっていた、もうひとつ大切なことは、年老いた親と成人した子供が別居をはじめたということがあります。つまり核家族化の進行ですね。どういうことか。高度経済成長期は先ほども申し上げたとおり、雇用労働者が必要になって、その労働力が地方から都会に大々的に移った時期でもあります。つまり親元から離れて労働することになる。微妙な問題としては、長男は家を継ぐために地方に残らざるを得なかったということがあります。次男、三男はそういう必要はなかった。ですから、当時の若い女性には次男や三男と結婚したいという人も多かった。長男と結婚すると親と同居しなきゃいけないし、田舎に行かないといけなくなるかもしれないし、あるいは夫の親の面倒までみなくてはいけない。ですから、次男や三男のほうが魅力的ですよね。

第二次大戦以前でも農家の次男や三男は家を出ていました。ただし、次男や三男も親と似たような仕事はしていました。ですから地方にも農家の次男や三男がいなかったわけではない。しかし、この高度経済成長期に都市に出てきたという点は大きな違いですね。この時期の労働力の大移動というのは世界的に見てもかなり異例な事態ではないかと思います。

佐伯　そういうメンタリティはまさに、漱石の『坊っちゃん』に見られるものですよね。地方を思いきりバカにして東京を持ち上げる価値観です。ドイツなど、ヨーロッパの地方都市は本当に歴史を大事にしますし、地域の誇りを感じさせる町並みがありますが、日本は大都市にみんな集まってしまう。それは、産業化の底にある根深い心性の問題です。

　橘木さんが繰り返し、専業主婦は夢だった、とおっしゃるのは、よくわかります。ベティ・フリーダンは六〇年代に、郊外の専業主婦の「名づけようのない問題」を指摘し、社会とのつながりを失うことによる精神的ストレスや喪失感の深刻さを訴えましたが、それは、家庭外の賃金労働があまりにも過酷な日本社会の専業主婦には、必ずしもあてはまらない。

橘木　女性史の研究という分野では、そういう議論はされているのでしょうか？

佐伯　女性研究においては、日本社会でも専業主婦の「喪失感」は指摘されていて、「主婦たちの思秋期」という言い方もされますね（犬伏由子ほか編『女性学キーナンバー』有斐閣、二〇〇〇年）。三浦展さんの『「家族」と「幸福」の戦後史』（講談社現代新書、一九九九年）も、郊外化による女性の主婦化と、それに伴う問題点を指摘しています。

橘木　郊外化というのは、郊外に住むという意味ですか？　大都市の郊外に庭付きの一軒家。これがひとつの成功のモデルですからね。

佐伯　そうです。地方から東京に出てきた人がどこに住むかというと、多摩ニュータウンなどの郊外に住む。では、郊外に住む主婦が本当に幸せなのかというと、夫も子供も職場や学校へ出かけると、自宅でひとり何をしていいかわからず、精神的にバランスが崩れてしまう場合もある。専業主婦は幸せかとフリーダンは問題提起しましたが、日本では『岸辺のアルバム』（一九七七年、TBS）や『金曜日の妻たちへ』（一九八三年、TBS）といったテレビ・ドラマが、主婦の憂鬱や欲求不満を描いていますね。最近話題になったドラマ『昼顔』（二〇一四年、CX）も類似のモチーフです。

橘木　なるほど。私は、専業主婦はいったい何でフラストレーションを発散していたか、と考えるとさきほど佐伯さんもちらっとおっしゃっていましたが、教育ママになることだったのではないかと思っています。

ずっと家にいるというのはフラストレーションがたまる。そりゃあ、お酒も飲みたくなります。しかしお酒ではいろいろと問題があります。そこで、そうした鬱憤を晴らす役目を担ったのが子供だった。つまりは子供への期待ですね。ピアノを習わせたり、バレエに通わせたり、塾に行かせたり。

佐伯　それで、子育てにお金がかかりすぎるようになると、パートなどで働くわけですね。確かに、子育てにはお金がかかりますが、かけ過ぎているという面もある。

橘木　教育費の上昇は女性のパートタイム労働が増えたひとつの理由です。もう一つの理由は、住宅を購入するときに住宅ローンの返済の苦痛を和らげる手段でした。

佐伯　余暇時間や余剰収入があるから、子供にお金をかけはじめたのが、そのお金が足りなくなって働きはじめる。負のスパイラル、という見方もできますかね。

橘木　フルタイムではないというところがポイントですよね。それが住宅ローンです。子供にお金がかかるということのほかにパートタイム労働が増えた理由があります。それが住宅ローンです。ある程度、利便性の高いところに家を建てるとすれば、その費用を稼ぐ必要が出てきます。田舎の家は長男が引き継いでいますので、次男や三男にハウジングコスト（住宅費用）の援助はないわけですね。高度経済成長期の女性がパートタイム労働をする理由です。

しかし、女性学の観点から言いますと、どうなんでしょうか？　フルタイム労働をしたいけどそれができないから、専業主婦になるという女性が多かったのでしょうか？

経済学では、当時は完全に企業が男社会ですから、女性はいわゆる一般職が多かった。経済人養成校としてトップの一橋大学を卒業しても就職先がないという女性は本当に当時いましたからね。企業の面接で、「短大卒ということであれば採用しますが」と言われる。要するに四年制大学を卒業しても男と同じように扱われなかった。そういう屈辱を女性は当時、受けている。高学歴の女性にひらかれていた仕事というのは公務員か教員、あるいは資格を要する専門職です。

佐伯　そうですね。確かに八〇年代から九〇年代初頭くらいまでは、女性の労働力は腰かけ的、〝職場の花〟的な認識で、短大卒女性が就職の花形だった時代があった。なまじ学歴をつけた女性は使えないので、女性は二歳でも若いほうがいい。適齢期がクリスマス・ケーキと言われていた時代ですから、高学歴女性が働くことからおりて家庭に入る選択もあった。

橘木　もうひとつ、女性の教育水準がそこまで高くなかったということも影響している。一九六〇〜七〇年代はまだまだ四年生の大学卒の女性というのは少なかった。

佐伯　経済成長が続いている時期の専業主婦は「三食昼寝付き」（犬伏ほか同前）ともいわれ、家計を担う重圧がなく、自分の時間が持てるという考え方もあった。男性中心主義的な企業に勤めて、心身ともにストレスに耐え忍び、すり切れるよりも、専業主婦を主体的に選択することは、その意味では理にかなっています。ただ、夢の郊外の専業主婦になったと思ったら、実際の結婚生活では社会的接点の喪失感や孤独感というさまざまな別の危機がある。まあ、人生何を選んでも苦労はつきものですが、専業主婦の幸せモデルは、アメリカを手本にして導入されたものです。日本のホーム・ドラマはアメリカのドラマに影響を受けていますが、アメリカの家庭の光景は、最新の家電製品に囲まれた理想の家にみえたのですね。

　しかし、さきほどもお話ししましたが、日米の大きな違いは、家計の管理を誰がしているかです。日本の家庭の多くは、主婦が家計を握っていますから、〝専業主婦＝女性の幸せ〟というモデルは、アメリカよりも日本ですぐれて機能した。

橘木　アメリカよりも日本でのほうが機能しているというのは興味ある指摘です。

佐伯　家計管理権を握っていることが、女性に専業主婦の夢を見つづけることを可能にしている大きな動機づけだと思います。

橘木　家計を誰が握っているかというのは、そう考えると、かなり重要な問題ですね。

しかし、再度、言いますが男の立場から言ったら、女性が家計を管理してくれたほうが、いろいろと楽だということがあるのではないでしょうか。こまごまとしたこと、と男性が感じる家庭のことに、そうすれば男性はコミットする必要がなくなるわけなので。

佐伯　そういう側面もあるとは思いますが、社会全体の経済状況の条件にもよるのではないでしょうか。確かに、高度経済成長のさなかであれば、そうした細かな家庭のことをするのは、残業続きの男性サラリーマンには難しい。さらに言えば、限られた所得のなかでやりくりをしないと、当時出てきた家電製品などを買うことはできなかった。そこに主婦の知恵や生活者としての経験を働かせないといけないということはあったでしょう。しかし、高度経済成長を達成して、あまり家計のやりくりに神経を使わなくてもよくなると、家計管理の負担よりは、家計を自由にできるゆとりや喜びの方が大きくなるのではないでしょうか。

橘木　六〇年を経て七〇年くらいにそういう動きが出て来たんでしょうね、たぶん。当時は、毎年一〇パーセントくらいずつ賃金があがっていましたからね。そうすると、その増えた所得をこういうふうに使いたいといったように家計管理を任されていた女性が考えるというのは至極妥当なことだと思いますね。

佐伯　まあ、日本ではホモソーシャルなライフスタイルが強いですから、男性も収入を家庭サービスにむけるより、男性同士で銀座に飲みに行ったりするほうが、妻といるより楽しいのでしょう。

橘木　家計のことは女房に任せておけば何とかなる、俺は仕事いっぽんで八時か九時くらいまで会社で働いて、そのあとは銀座で飲んで、真夜中にふらふらと帰ってきて、奥さんに「おい、風呂」と言う、というのはまあモデルケースだよね。しかし、そういうモデルも高度経済成長期の後半になると女性の意識が変わってくる。これは女性の教育水準が高くなったことと関係があると思います。高度成長期以前はそんなに豊かな家計の家ばかりではなかった。そうすると女の子は高等教育を受ける機会に恵まれません。せいぜいが短大ですね。男は四年制の大学に行く。しかし、家計が豊かになってくると女性が高等教育を受ける機会が増えますね。最低でも短大、普通に四年制大学に行くようになる。そうすると、さきほどお話したようなライフモデルは時代遅れになっていきます。

佐伯　一九六〇年代に結婚生活に入った女性の多くは戦前の生まれですよね。一九七〇年代以降になると戦後の生まれになってきます。

橘木　そうはいっても、女性の教育水準があがるのはやはり高度経済成長が達成されたあとの一九八〇年代になってからでしょうかね。

佐伯　四年制の大学と短大あわせた進学率で、女性が男性を上回ったのが一九八九年ですね。伊藤公雄さんは『男性学入門』（作品社、一九九六年）で、その時点が日本社会のジェンダーの曲がり角と指摘されています。

橘木　四年制の大学だけの進学率もごく最近、女性の方が高くなりましたね。

佐伯　そうなんですよ。それは女性の価値観の変化を考える上で大切なことですね。

学歴におけるジェンダー差

橘木　昔は名門女子大学に行くと、名門大学出身の男と結婚する可能性が高かった。いまは女性から見ると、東大や阪大にいくと大学に「いい男」がたくさんいる。ですから、そういう「いい男」を見つけるためにいい大学に行くという動機も想像されますが、それは不純だと思いますか。

佐伯　いやぁ、そんなことはまったく考えたことがありませんでしたが、もし早く結婚したければ、そういう動機づけによる進学は賢明かもしれないし、アンケートしても回答には出てこないかもしれませんが、そういう方もいらっしゃるでしょう（笑）。

橘木　やはり、日本では歴然と結果がでていますが、結婚する男性と女性の学歴というのは近いんですよ。高学歴の男性と高学歴の女性が一緒になり、低学歴の男性と低学歴の女性が一緒になるというのが統計で出ています。いいか悪いかではなく事実、そうなっている。それと以前では男性の学歴の方が女性のそれより高かったので、夫の学歴が女性の学歴よりやや高かったことも事実です。ここらあたりのことは、橘木・迫田著『夫婦格差社会』（中公新書、二〇一三年）で述べています。

東大卒の女性の半分は、事実、東大卒の男性と結婚しています。ただし東大は男子学生がはるかに多いので、東大男子は他大学卒の女性と多く結婚しています。これらのことは数字が出ている。これは、早慶でも同じです。早稲田大学、慶応大学卒の女性の半分は、同じ大学卒の男性と結婚していますね。ということは、学歴の似た者同士がくっついている。とすれば、早慶の男性と結婚したいと仮に考える女性がいたならば、早慶に進学するのがもっとも確率の高い方法ということになりますね。

佐伯　それはリアルな本音かもしれませんね。女性の進学というのは、橘木さんのお話からすると、婚活なんですね。思い出したのが、女性研究者どうしで話をしていたとき、今おっしゃった某大学の出身の方が、「在学中に親戚に、今のうちにいい男性を探しておきなさい、と言われて、なんて不純なことをいうのかしら、と当時は反発したけれど、今はしみじみ納得する」とおっしゃていて、なるほどなあ、と思ってしまいました。

橘木　いやいや、意識的かどうかは別にして、結果としてそうなっているということです。

佐伯　私と同世代かそれ以上の世代で、あえて共学の高偏差値大学に進学した女性は、社会参画や自己実現というモチベーションで進学したつもりが、中年期を迎えて、結婚という選択をする場合には、もっと大学時代に打算的になってもよかったかも、と後から気付くのですね。私より下の世代は、逆に、そのあたりは賢明で、東大どうしのカップルも後輩にはけっこういますね。たぶん、上の世代のシングル化を目にしているからでしょう。

それに、なんだかんだ言っても、大学で机をならべている男性は、同じ大学で同じように勉強しているにもかかわらず、いまだ統計上は、社会に出たときには自分たちよりも高い社会的地位を獲得する可能性が高いわけですから、知的分析力が高い女性であればあるほどその現実を敏感に察知して、自分が社会に出るよりも、隣で勉強している能力が高い男性と結婚するほうが、生き残り戦略としては正しいのではないかと考える。日本社会の現状をかんがみれば、極めて合理的、知的な選択とは言える。

橘木　その通りですね。

佐伯　興味深いのが、私の出身校は典型的な進学校なのですが、同期のクラス会をすると、医師や弁護士という職業につきながら、結婚も出産もしているクラスメートが多くて、国費は無駄になっていないなあと彼女たちを尊敬するのですが、同じ高校の後輩にきくと、逆に、専業主婦が多いというのですね。専業主婦を積極的に選択する女性が増えていることを実感するエピソードなのですが、そのあたり、統計的に橘木さんに数字をお示しいただけるとうれしいのですが。

橘木　現代では二〇代の女性では、なんと五〇パーセントを超える人が性別役割分担を支持しています。ここに専業主婦志向の高まりが予想できます。

佐伯　働く女性も増えているけれど、同時に専業主婦を志向する女性も増えているという状況がある。

橘木　昔、東大卒の女性で仕事を一生懸命した人は結婚しなかった人が多かったのではないですか？

佐伯　高学歴で能力をかわれて、企業でも教育現場でも、日本の組織が要求する一人前の仕事を勤勉にこなしていたら、つまり〝男並み〟の働き方を要求されたら、物理的に日本の女性の多くは結婚まで気がまわりませんよ。妻が家事一切をみてくれる男性と同じ量の労働をこなそうとすれば、家事も身内の介護もすべて自分でこなしている女性は、確実に時間がないです。そもそも、そんな状態では結婚以前に、交際時間を捻出できなくて、デートの前にぶったおれますよ。笑えない話ですが、日本では既婚女性も、実家の母が育児や家事を担当してくれるケースがままあって、女性間でも介護や家事への相互理解や実態のギャップがあり、意識格差や現状の差が大きくあります。

橘木　いま六〇歳や七〇歳くらいになっている東大卒の女性はシングルの方も結構いるのではないでしょうか？　結婚を選ぶか、キャリアを選ぶか。まあ、当然、どちらがいいか悪いかではないけどもね。おもしろい話をします。今六五歳くらいの女性で大学教授をしている東大出の女性を存じ上げているのですが、その方が「東大に進学したい」と親に言ったら、「結婚できなくなるから女子大に行ってほしい」と涙ながらに言われたそうです。幸いにその方は結婚されましたが。

佐伯　そもそも日本のワークライフバランスが悪いので、結婚か仕事かという二者択一にならざるをえないところがあるのですが、国立大学で勉強した女性が専業主婦になるのは、私は国費の無駄遣いだとは思います。

橘木　ものすごいことをおっしゃる。少し極端なことをいえば、国立大学の医学部では学生一人に換算すると七～八〇〇〇万円もの国費を投入しています。女医さんが医師をやめるケースがかなりありますが、国費のムダと言えます。でも職業の自由ということと考えられませんか。

佐伯　社会的責任として、どうかと思いますよ。国費を使って進学して一定のスキルを身につける。ですから、東大なりで勉強したことを社会に還元していく責任があると私は思っていますが。

橘木　どうでしょう。大学に進学するときにそこまで何をしたいか、何をやりたいか明確に定めるものでしょうか？　佐伯さんのおっしゃることは、大学に入る前にはもう何をするか決めて、そこで学んだことを社会に生かすように宣誓しなさい、といった極端なことだと思いますけども。そもそも、そこまでくると日本の教育そのものの問題だよね。理系の人は目的意識をかなり明確にもって大学進学するのでしょうが、文系は少し違う。法学部や経済学部なんか、そんなこと誰も考えてないんじゃないですか。せいぜい官僚かビジネスマンになりたいな、くらいですよ。

佐伯　確かに、女性のこととして発言しましたが、日本の大学教育においては、男性にも同じことが言えるでしょうね。東大卒男子が堂々と、大学では何も勉強しませんでした、と断言したりしますからね。それが自慢になるような風潮はいかがなものでしょうか。

橘木　おっしゃりたいことはわかります。佐伯さんにはエリートにたいへんな期待があるから、そういう意見がでるのだと思います。フランスにエナ（ＥＮＡ）という官僚養成校があります。定員が一〇〇人くらいしかいないのですが、ここの学生は全員が高級官僚になります。入学したときからそう決まっている。そういう大学や仕組みを日本でもつくれば、佐伯さんのおっしゃるような、社会的責任を果たす、ということと教育がダイレクトにつながる。

佐伯　いや、大学で学んだことを直接的に社会に還元しろとまでかたいことは言わないのですが、大学で勉強していなかったということが自慢になるのはいただけない。特に東大の法学部は文系学歴社会の頂点として、国費が年々使われ続けているわけですから、そこを出たのであれば、その特権的立場を利用するのではなく、ふさわしい社会的な責任感も持ち合わせていないと。ヨーロッパ的なノーブレス・オブリージュの発想ですが、これも、階級社会ではないゆえに、日本では機能しにくいのでしょう。

「幸せ」とは何か――一億総中流以後の福祉国家の可能性

佐伯　明治から現代までの女性と経済の歴史をみてみると、そこには大きく「幸せ」というものをどのように考えるかという問題が横たわっているように思います。どのような家族のありかた、人生のありかた、そして社会のありかたが「幸せ」だとされてきたのか。そこからは、格差問題に代表される現代社会のひずみの原因も浮かび上がってくる気がします。

橘木　「幸福」というテーマはたいへん重要な問題です。いままで経済学では「幸福」というテーマはあまり分析されてこなかったんです。経済学といえば、生産や金融のような問題を一生懸命扱っていた。「幸福」というのは文学や哲学の領域にある問題のように考えられてきた。たとえば、「三大幸福論」と呼ばれる著作がありますね。スイスのカール・ヒルティの『幸福論』、フランスのアランの『幸福論』、それからイギリスのバートランド・ラッセルの『幸福論』。これらもすべて哲学や文学の分野の人たちの著作ですよね。経済学者は、「幸福」について考えるなどということは、そういうことが好きな文学者がやることであって、自分たちが出ていくことではないと考えていた。

ところが、ここ二、三〇年の間に変わった。人間の幸せというのは経済とすごく関係している。やはり経済が豊かでないと幸福にはなれないだろう、ということを考えだした。人間は貧しくても家族の絆が強かったり心に豊かさがあれば満足だ、という旧来の文学者や哲学者が考究していた幸福論だけではダメなのではないか、という点を経済学者は考え始めたんですね。経済と経済生活というものが人間の幸福にどれだけ影響を与えるか、ということを勉強する必要が出てきたわけです。

佐伯　たとえば世帯収入と幸福を自覚している割合の関連についての調査結果は出ていますか？

橘木　だいたい出てます。さまざまな国でアンケート調査が行われています。総じてほとんどの国の統計で、高所得者の方が幸福度が高いというのが結果として出ていますね。所得が低い人ほど幸福度は低いです。しかし、その程度や様相が国によって違う。これが面白いところです。

佐伯　といいますと。

橘木　世界で一番裕福だとされているのはアメリカですね。アメリカ人の場合はお金、つまり経済生活がとても重要です。故にお金持ちのほうが幸福度の高い程度が強い。一方で、ブータンという国がありますね。すっかり有名になりました。ブータンは決して経済的に豊かな国とは言えません。むしろ貧亡な国です。ところが、ブータンの人たちはものすごく幸福度が高い。この結果は世界中で驚かれましたね。なぜ貧しいのに幸福だと感じているのか、について多くの人が関心を持ちました。

チベット仏教を信じている人たちがブータンには多い。チベット仏教では物質的な裕福さよりも家族の絆や精神的なことの充実のほうに幸せを感じる。こうした例から、経済面だけでは「幸福度」をはかることはできないということが最近分かってきたわけですね。ですから、ますます「幸福度」に関する研究は盛んになっている現状があります。

佐伯　日本の「幸福度」はどうなのでしょうか?

橘木　日本はだいたい世界のなかで真ん中あたりです。一八〇か国中でだいたい九〇番目くらい。これをどのように考えるかは別の問題ですね。経済的には恵まれていますが、経済面以外の問題で幸福だと感じていない人も多くいる。不満な点は人によって違いますけれども。

ちなみに世界で一番幸福度の高い国はデンマークです。

佐伯　社会保障制度が充実しているからでしょうか。さすがキルケゴールを生んだ国ですね（笑）。

橘木　私もキルケゴールについては、拙著『「幸せ」の経済学』のなかに書きました。やはりおっしゃるようにデンマークの幸福度の高い理由は、社会保障制度が手厚いということが安心感につながっている点があると思います。

佐伯　安心感というキーワードがでました。キルケゴールの問いかけというのは、人間はいかにして真のキリスト者になりえるか、ということですよね。高校時代に先哲研究という大学ゼミのような授業がありまして、私はキルケゴールを選び、『不安の概念』などにひととおりはまったのですが、人間は生きているだけで不安な存在です。その不安な存在である人間を救える、あるいは不安の超克は究極的にはキリスト者になることだ、という考え方がある。私はキリスト者ではないですし、一神教であることのもたらす対立の深刻さもありますが、キルケゴールの思索は人間存在について考えるときに、本質を突いている部分がある。世界の歴史をみても、キリスト教の布教と文明化、近代化はセットになりがちですね。

社会福祉の根本理念のひとつは、他者に対する愛、救済ですから、この考え方は多分にキリスト教的なものですね。海外の人とトークするあるバラエティ番組で、北欧の方が、「私たちは税金をたくさん払っていても、社会保障が充実しているから不満感はない。あとから必ず自分にかえってくるから」と発言したら、日本の若い女子がそれに対して、「自分が稼いだ収入を、知らない老人の福祉のために使われるなんて納得できません」と言ったんですね。なんて料簡の狭いことを言うんだ、と日本人のひとりとして個人的にはすごく恥ずかしかったのですが、宗教的背景の違いもあるように思いました。

橘木　日本の若い女性が言われたことは、その人だけではなく多数の日本人がそういう想いを抱いているのではないかと思います。たとえば生活保護支給を受けている人への激しいバッシング、失業している人は怠け者が多い、といったことで示されるように、他人への心遣いをする人が減少しています。

隣で困っている人を助けようとする気持ちの低下が日本で起こっています。そうした隣人愛的な考え方は、自分が不幸になったときには同じように隣人が助けてくれるということを担保したものです。つまり、そういう助け合いのシステムに信頼があるから言えることですよね。

しかし、キリスト教には明確な博愛精神があるということは言えますが、さきほど言ったブータンは仏教の国ですからね。チベット仏教ですが。

佐伯　実はブータンでも、都市化によって資本主義的な幸福感が入ってきて、若者が都市に出て薬物中毒になるケースが問題化している、とのニュースもあります。仏教の慈悲とキリスト教の愛の理念は、一見、似ているようですが、社会実践になったときに、違いが出るのではないでしょうか。私は実は仏教の幼稚園で育ちましたので、もちろん仏教の社会貢献もわかるのですが……。

橘木さんにおうかがいしたいのは、経済学的な観点からみて、北欧がどうして手厚い福祉国家たりえたのかということです。国の経済的規模や人口の要因はいかがでしょうか？　日本のように一億三〇〇〇万人も人口がある国では、北欧型の福祉国家の実現はむずかしいのではないですか。

橘木　そういう反論や質問はたくさんいただきます。私は基本的に北欧型の福祉国家論者です。福祉を充実させるためには国民が負担して国民に年金・医療・介護をきちんとやれ、というのが私の主張です。

国の規模の問題で福祉国家の実現がむずかしいということは、次のことが言えます。大国だといろいろな考えの持主がいるのでなかなか国民の意思統一が困難でしょうが、北欧のような小国ですと、国民のコンセンサスが得られやすい利点はあります。福祉の提供で問題になるのは、まず第一に福祉にタダ乗りしようとする人が出てきます。

佐伯　北欧のような福祉国家でそういう問題はどう解決されているのですか。そういう人が倫理道徳観の面で、少ないということでしょうか？

橘木　確かに国民に連帯感の強い側面は否定できませんが、タダ乗りする人に対する罰則がものすごく厳しいんです。日本はタダ乗りしようとする人に対する罰則が甘いんですよ。

佐伯　処罰が甘いという点にも、宗教的要因がある気もします。仏教の方のご講演をうかがう機会があったのですが、ゆるす、悟るという発想は、きちんと仏教的理念に基づいていれば機能すると思うのですが、大衆化すると甘くなりがちかな、という気がしてしまいました。

橘木　日本は「なあなあ」の世界ですからね。まだ福祉国家になる準備が足りていないということでしょう。

家庭というものが人々の幸福にどれくらいの影響を与えるか。私は日本人は家庭を重く評価していると思います。ですから、日本において幸福か幸福でないかという違いは、家庭がうまくいっているかいっていないか、ということによっていると考えています。もうひとつ日本において重要なファクターは子供ではないかと思います。家庭においては、子供の役割がとても大きい。さきほど教育ママの問題もお話ししましたが、子供をどのように育てるかということに日本の親は一生懸命ですよね。逆に欧米の社会というのは家庭というものにあまりウエイトを置かない個人の幸福というのが大切なんですね。少し言い過ぎかもしれませんが、欧米では簡単に離婚するようにみえるのは、その家庭よりも個人を優先するからではないか、と私は考えています。日本の場合は、離婚をするとなると子供にたいへんな影響を与えるし、体面も悪いので、家庭をとても大事にしようとする。

日本というのは、昔から養子が多かった。家庭を「イエ」と考えれば、「イエ」を断絶させたらいけないので養子制度が整うわけですね。日本において子供や家庭というのはかなり重要ですね。

佐伯　維持しようとしているその家庭の実態が、〝亭主元気で留守がいい〟だったりするのは、なんともパラドキシカルな状況ですね。本音と建て前といいますか。日本的な二重構造とでもいいましょうか。つまり、女性は女性で実権を握っているプライベートなエリアがある。一方で、男性は男性で公的な場面では権力を持っている。これがバランスをとって、女性と男性それぞれの幸福感は実現されている。しかし、欧米型の幸福感というのは、プライベートな場面であろうがパブリックな場面であろうが、あらゆる場面で平等原理を追求する。それが実現できなかったり、あるいは壊れたりすれば離婚という決断になるのでしょう。日本的なあなあの感覚と比べると、ある意味、高度な愛情の交換をつねに求めすぎているのかもしれない。夫婦、家族関係に求める理想が日本とは異質なのですね。

とすれば、日本のように夫婦で役割分担をして、「私は私で、韓流スターの追っかけしますから、あなたはあなたで、どうぞ銀座で飲んでください」というほうが、もしかしたら形式的な夫婦関係を維持するのは簡単かもしれません。幸福と感じる家族観や夫婦観に、文化的な多様性が生まれてくるのは当然だと思います。

日本のジェンダー平等やワークライフバランスの議論が一筋縄でいかないのは、欧米では、家庭を大事にしたいから仕事を終えて早く帰宅する、という実態があるのに、日本では男女問わず既婚でも、休日おかまいなしに働いて、それがうるわしい模範とみなされる傾向があることですね。社員旅行のように、仕事がオフでも同僚と一緒にいたがるのも同じ発想で、おそらく、日本では家庭生活に、欧米と同質の期待をしていないんでしょう。〝結婚、子育てしてる人間がこんなに働いているんだから〟という状況になると、シングルの人間がワークライフバランスを唱えても説得力がなくなって困るわけですが、子供がそこそこ大きくなれば、父親も母親も家にいてくれないほうが子供としてもウザくないので、結婚後の男女も仕事に走りがちです。これから子育てしよう、結婚しようという人間には、ロール・モデルにならないし、にもかかわらず、シングルには既婚者より時間があるはず、という深刻な偏見もありますし……。

橘木　これから申し上げるのは、私の勝手な解釈ですが、日本的な役割分担していたほうが気楽な生き方のような気がするんです。気楽という言葉が適切かどうか分かりませんが。離婚したら大変ですよ。ほんとうに離婚して生活基盤を完全に失いかけてしまうときの大変さを考えるなら、まだ家庭内離婚のほうがいい、と考える。こういう気持ちが日本人にはあるのではないでしょうか？

佐伯　日本人はある意味、非常に現実的なのかもしれませんね。理念に近づこうという気持ちは稀薄かもしれません。さきほどお話にでた、ブータンのＧＮＨ（Gross National Hapiness）が高い背景には、物欲を持たないという、仏教的背景もあるかもしれないのですが、それでさえ、さきほども申し上げたように、都市化によって幸福感が変化しているようですから、そもそも、〝国民皆幸福社会〟の実現というのは、どのような国でも地域でも、なかなか難しいのでしょうね。

　日本の複雑さは、一見、仏教が普及しているかに見えますが、非常にモノにこだわりますよね。若い女性がブランド物欲しさにいわゆる援助交際をすると問題になった時期がありましたが、ブランド物を身につけることを幸福と感じる人に、個人の価値観の自由という意味では、誰も文句はいえない。

橘木　どうしてブランド物を持つことが幸福につながるのですか。人に見せびらかしたいということなのでしょうか。それで注目されることに喜びを覚える。

佐伯　個人的にはそういう欲望は無いのですが、それを言うと、専門職や社会の他の場所で自己実現の機会がある人は、ブランドにもこだわらないでいいけれど、そうではないところにアイデンティティを求める女性もいるのよ、という反論が成り立ちます。ですが、欧州の一般女性たちに、日本のようなブランド意識が希薄であることは、海外在住経験のある方が異口同音におっしゃることで、アジア人の西洋コンプレックスのなせるわざでしょう。ブランドものを身につけることは階級上昇感につながる。明治の西欧化のなごりですね。日本ではさきほどおっしゃったように、「世間」の目というものがあって、世俗的な比較意識のなかでの優位がアイデンティティになりがちなのでしょう。井上忠司さんの『「世間体」の構造』も、日本社会における「世間」という概念の重要性を論じています。

橘木　うーん。社会や世間ということよりも、女性同士で「わたしはこんなバック持ってる」と自慢したい気持ちがあるのではないですか。

佐伯　そこはまさに、ママ・カーストに関係していますね。一神教の概念的な理想ではなくて、「世間」という世俗的で相対的なスタンダードを基準にして、自分の存在価値を判断する傾向があるので、住んでいる家や身につけているもの、夫の社会的ポジションのような要素が、人間の価値そのものに直結してしまう。

橘木　援助交際もそうですし、ママ・カーストもそうですが、女性というジェンダーがまだ社会的に認めてもらうことができないから、社会的に価値があるとされているブランド物を身につけたり、夫の社会的地位によって自らの価値を表明するしかない、ということはないのでしょうか？

社会学で階級意識というのがよく調査されますね。男は自分がどのくらいの階級にいるかというのははっきり言える。しかし、女性はなかなかはっきり言えないんですね。たとえば専業主婦ですと、夫の階級で代弁するしかない。当然、こうしたことに男の地位で女性の地位が決まるというのはおかしいという意見はありますよね。

女性で働いている人、女性で専業主婦の人では意識がかなり違いますよね。女性を十把一絡げに評価することはできない。

佐伯　それはできないですね。

橘木　私の妻は専業主婦なんですよ。そうすると自分のステータスは何も言えないですね。ですから女性の社会階級のエバリュエーションはたいへん難しいんです。何十年か後にはいまよりもはるかに女性の社会進出は進んでいると思いますので、もう少し女性の社会階級調査というのは可能になってくると思いますが。しかし、佐伯さんがおっしゃったように若い世代の女性たちの専業主婦志向の高まりという現象を鑑みると、それも確実にいえるか分かりませんが。

佐伯　私の母も専業主婦ですが、専業主婦の価値観や幸福感にも大きな個人差や多様性がありますので、この話はまた後にしたいと思います。女性のライフスタイルや幸福感には、経済的な要因も大きく影響してきますので、今後の解決が課題ですね。

橘木　まったくその通りですね。明治から現代についての大きな話題についてはかなり整理してきたように思います。次章でももう少し具体的な問題について踏み込みたいと思います。愛とお金の問題、男女共同参画の問題など、まだまだお話ししなければいけないことはたくさんあります。

第2章　経済とジェンダーの関係を考える

経済成長とジェンダー

橘木　さて、さっそくですが、お金の話からはじめることにしたいと思います。お金の話というと身も蓋もないですが、ようするに経済成長と性がどのような関係にあるのかが、ここでの私たちの大きな問題になると思います。佐伯さんはいまの状況をどう見ていますか。

佐伯　いまアベノミクスをどう評価するかということが大きな問題になっていますが、先日、テレビの政治討論番組で、小泉・竹中時代の経済政策について、大企業が潤えば、その潤いが下に流れるという考え方にもとづいており、それがいまだ有効であるとの意見がありました。

橘木　トリクルダウンですね。

佐伯　そのトリクルダウンが実際には起こらないのではないか、という危惧があるわけですよね。実際に、いままでは起こってはいないし、同志社大学の浜矩子さんが別の政治討論番組で、「下々のものは口をあけて待っておれ」という発想が嫌だ、とおっしゃっていました。私もそこに共感しました、トリクルダウンを主張する人たちは、まず大企業が儲かって、その恩恵を下々の者がうけろ、という大企業優位意識を持っているのですが、公共の電波で「大企業の利益が下にいくのは決まっているじゃないですか」と断言される話を耳にして、ここまで言い切るのか、血も涙もないな、と思いましたね。生活保護を受けていらっしゃる方もたくさんいる、景気がよくなった実感はほとんどない、賃金が上がらないのに物価だけ上昇する、その事実をまのあたりにして、なぜそういうことが言えるのか。

橘木　経済学の観点から申し上げましょう。これは政策科学研究大学院の太田弘子さんや慶應義塾大学の竹中平蔵さんなどの主張です。お二人は自民党政権下で経済担当大臣をされたこともあります。トリクルダウンの支持者でしょう。いわゆるトリクルダウンという考え方は、ありていに言えば、大企業が潤ったらいずれ中小企業にベネフィットが波及する、都会が潤ったらいずれ地方にもベネフィットがいく、という考え方ですね。経済効率優先派なんです。

佐伯　それはいい意味での一億総中流を完全に破壊しましたよね。

橘木　そうです。ですから、格差が広がって日本は格差社会になっていいんですか、と私は問うているわけです。経済学者のなかでも当然意見の違いというのはあります。

私がトリクルダウン・セオリーが働かないと考えているいくつかの理由をお話ししましょう。トリクルダウンは確かにうまくいったら起こります。上が儲けたら、下も潤う。しかし、私がそううまくはいかないと思っている最大の理由は、上が下に譲ることに抵抗するときです。すなわち下に流れることを拒否する。一つの例は、高所得者が高い所得税率を拒否することでわかります。もう一つの理由は、景気がよくなったな、つまりは大企業が潤ってきたな、と思った頃に景気は悪くなってくるんです。そうすると、大企業はこれから景気が悪くなるから引き締めないといけないな、と考えて、下へのお金の流れをストップしてしまうんです。これがトリクルダウン・セオリーがうまくいかない私の個人的な解釈です。大企業が潤いはじめた頃には、不景気の顔が見えてくる。こうした経済の動きがトリクルダウン・セオリーを難しくしている。

佐伯　タイムラグがあるんですね。

橘木　そうです。そうしますと、いつまで経っても中小企業も地方は恵まれない。もうひとつの例を挙げましょう。中国に鄧小平という首席がいました。彼がかつて「先富論」ということを言いました。これは言うなればトリクルダウン・セオリーなんです。まず、恵まれた人が豊かになる、そうすればいずれ下の階層の人も豊かになる、という考え方です。ですから、彼は、まずは先に大企業なり都会を豊かにしようとした。こうして大都市――北京とか上海とか――は豊かになった。ところが、地方はいまだに貧しいですね。ですから、中国でも「先富論」は成功しなかったといえます。中国はいま日本以上の格差社会ですから。トリクルダウンというのは、アメリカでも中国でも成功していない。日本で起きるのか、ということに私はたいへん懐疑的ですね。

佐伯　それこそ中国の孟子の性善説的な人間観に立たないとトリクルダウンはいつまで経っても実現しないということになるのでしょうか？　もしかすると、日本企業の体質の特徴かもしれませんが、税制の問題もあるかと思いますが、欧米で成功した人は、ドネーションの発想があり、大学や福祉施設に寄付するなど、何らかの公的還元をする発想がありますね。そして、寄付者の名前はそこに刻まれる。

しかし、日本の成功者は、今では若干変化してきているとは思いますが、個人名を刻む習慣がないこともあって、寄付の風潮が稀薄な気がします。かつて、あるフランス人の日本研究者の方が日本の富裕層の研究をしたいから、大企業の社長にインタビュー調査を申し込みたいと、私に相談にこられたことがありました。調査内容は、収入を何に使っているか、ということだったのですが、著名な会社を含むいくつかの会社の方にインタビューのお願いをしたところ、だいたいは断られてしまいました。

橘木　どうしてですか。

佐伯　ほとんどの理由に共通したのが、これといった趣味がない、文化的なことにお金を使っていないからお答えすることがない、ということでした。そのとき、儲けたものを社会に還元するという意識が、日本の企業家には少ないのではないか、と思ったんですが、日本の富裕層の研究をされている橘木さんのご意見はいかがでしょうか。

橘木　フランスの経済学者・ピケティ曰く、アメリカをはじめ資本主義国ではお金持ちはますますお金持ちになる。それを彼は統計で証明しているわけです。そのお金持ちの典型はアメリカです。日本のお金持ちはアメリカのお金持ちに較べたら大したことないです。たかが知れている。

アメリカの富裕層の所得は日本とまったく桁が違います。まあ、それだけもらったら寄付もするでしょうね。

佐伯　日本型資本主義のひとつの到達点としては、高度成長期があると思うのですが、では、そこで日本なりに儲かった企業が社会的に還元したかというと、疑問が残りますね。市民生活の観点からも、日本の高度成長を幸福モデルとするのは、ジェンダーの観点からは正しくないと思います。

橘木　それは、女性が男性に虐げられていた、ということからですか?

佐伯　専業主婦化が女性にとっての階級上昇であった、明治以降の歴史的背景をかんがみれば、女性が虐げられていたと一概には言えないのですが、女性の労働は、最初にお話ししたように、そもそも一般市民の間では、家計を支えるための生産労働としての役割が第一でした。ところが近代化以降の日本社会の女性労働は、社会との接点があるとか、自己実現とか、幸福感を獲得するという方向にスライドしているのですね。ですので、なぜ女性は働くべきなのか、ということの根本的意味の変化を考える必要があります。

多様な潜在能力がある女性の社会参画が阻まれることは、女性自身にも不満が残るし、社会にとってても損失です。家事能力を発揮できる男性もいるわけですし、家事以外に適性のある女性だって存在する。最近の子供が被害者になる事件や、テレビドラマは、出産、育児をしていてもいわゆる母親役割に適正がない人物がいることを示していますし、個人の職業適性はジェンダーによるというよりも、個人差に左右されます。この向き不向きを生物学的性差で単純に分けてしまうと、端的にいえば、キュリー夫人やメルケル首相のような、科学者や政治家としての才能を持った女性が社会貢献できることなく埋れてしまう。

私は、すばらしい才能をもった多くの女性が、過去の歴史のなかには数えきれないほどいただろうと思いますが、女性が高等教育をうける場が閉ざされていた時代には、そういう才能を開花できた女性の数はぐっと少なかったと思います。シェイクスピアにシェイクスピア以上に才能のある女きょうだいがいたとしても、シェイクスピアほど成功できなかったのではないか、とヴァージニア・ウルフも述べているとおりです。

橘木　一億総中流の時代、あるいは、高度経済成長の時代を私はかなり評価しています。経済学者としての考えですから、文学やジェンダー論の観点からはお叱りを受けるかもしれませんが。なぜ、当時がよかったと考えるか。当時は、経済がものすごく成長していた。年率で一〇パーセント弱の経済成長率です。しかし、所得の分配の平等性も同時に高かった。世界の経済史上においても稀有な事実です。これ以上のものがありますか。私はないと思います。経済学的に言ったら、高度経済成長期は日本がかつて経験したことがないほどのすばらしい時代だったと思うんです。ただ、佐伯さんからご覧になれば、そんなにいい時代とは言えないのかもしれない。そこのあたりを、私はおうかがいしたい。

佐伯　私は、ジェンダー平等と、いま橘木さんがおっしゃった経済成長および所得の平等な分配というのは同時に成り立つと思いますが。経済成長のためには、高度成長期型の男女の性別役割分業は不可欠だったのでしょうか?

橘木　経済学では、経済成長を重視すると所得の平等な分配は実現しにくくなる。逆もまた然りです。この二つはトレードオフの関係にあるというのが一般的なんですよ。それが日本は高度経済期前後の二〇年ほどの間、その二つを同時に達成していたという世界に誇ってもいい時期があるわけです。

佐伯　では、なぜそこに、男は仕事、女は家庭、という男女の性別役割分業の峻別が出て来てしまったのでしょうか? それは、橘木さんのおっしゃるような理想的な経済、社会状態にとっての必要条件でしょうか。

橘木　そうですね。ですから、ジェンダー論の人からみたら、いま私が申し上げたことは性別役割分担が分業という意味でうまくいったわけで、経済学者の欺瞞である、ということになるのでしょう。

佐伯　いや、私は、なぜ一億総中流というある種の理想社会で、男女のジェンダー平等が実現しなかったのか、純粋に疑問に思うのです。逆に、男女の性別役割があったからこそ、高度経済成長は実現したのでしょうか。つまり、仕事は仕事、家庭は家庭に集中するジェンダーを特化したほうが効率的だと?

橘木　私のかなり勝手な解釈を申し上げます。当時、女性は男性よりも社会的な地位が低かったし、いまから考えれば不当な差別を受けていたと思います。しかし、女性もそこそこハッピーだったのではないですか。もちろんハッピーというのは語弊があります。夫にいいように使われていたわけですから、ジェンダー平等の観点から言えば、当然不満はあったと思います。しかし、生活者という観点からはハッピーだったと言えませんか。

佐伯　その点については、実はアンケート結果でも専業主婦の幸福感が高いという結果がありますし、明治以降の階級上昇としての専業主婦の立場を、女性たちの多くが〝平等に〟享受できた時代なのだと思います。

女性のなかでも、社会で働き続けたいとか、研究を続けたいという人は少数派でしたし、女性の大学進学率が男性より少なかった昭和期には、そういう内発的欲望も醸成されにくかった。また、明治以降の「良妻賢母主義」の社会通念が昭和期にもきいていて、当時の女性たちはあたりまえのこととして結婚、出産退職していった。

橘木　そういうことはあるでしょうね。

佐伯　実際に、ある講演先で昭和世代の主婦の方と懇談した際に、「先生、私たちのほとんどは専業主婦ですが、みんな幸せです」と言われたんですね。地域活動で社会参画されているし、連帯意識が薄れていない地域なので、社会とのつながりも充実していると。

逆に、私の母も専業主婦なのですが、成績はよくて、結婚後も婦人服のデザイナーとして雑誌に作品を掲載されたり百貨店に出品したりして、将来を期待されていたのに、女性は進学すべきでない、出産後は仕事はするな、という価値観のなかで、結婚、出産によるキャリアの中断を余儀なくされた。母のような女性はほかにもいっぱい存在していたはずで、こうした女性たちの悩みを二度と生みだしてはならない、という思いが強くなって、今の研究生活にいたっています。

ですが、すべての女性が家庭外でのキャリアを望んだり、あくせく生産労働をしたいとも思っていないわけですし、戦前の一部の女性たちにとって、家事一切を自分でする専業主婦化は逆に階級下降ですが、それは少数派ですから、むしろ高度成長期こそが、多くの女性にとって幸せであったというご意見を否定はできません。私の母のような昭和ヒトケタの世代では、キャリア志向は女性の共感もよびにくいマイノリティですから、二重苦ですね。

橘木　たしかに教育水準の高い女性は数が少なかったのは事実です。ですから、さきほど佐伯さんもおっしゃったように社会で性別役割についての不満が爆発するようなことなかった。しかし、当然、いまはそうした性別役割規範から解放されてきていますから、さまざまな場面でのジェンダー不平等についての声を私たちも聞くことができるようになったということではないですか。

佐伯　本当に少しずつですがジェンダー規範から解放されてきているということは言えると思います。専業主婦至上主義が主流であった昭和世代でも、社会参画をした女性の歴史についての関心はあるわけですし、歴史を学ぶことで男女ともに生き方の多様性を考える可能性も出てくるのではないでしょうか。

皆婚社会がなぜ出現したのか

佐伯　一億総中流の経済的な成功のユニットはいわゆる近代家族です。すると、社会の規範的な家族モデルから、同性愛者や離別者、独身者などがこぼれおちることになる。しかし、家族という単位を基盤に経済、社会政策が可能であったのは、皆婚社会の実現によるものですよね。前章でもお話しましたが、江戸以前には結婚できない男性もざらにあったわけで、戦後の経済成長期のなかで、そうした人たちが都市部に労働力として流入し、結婚して核家族を形成した。結婚することを当然視できる社会が到来した。

橘木　おっしゃる通り。もういまの時代は結婚するだけが人生じゃないとなっていますが、当時は皆婚社会を前提にしていた。

佐伯　その皆婚の夫婦はさらに、稼ぎ手としての男性と専業主婦というカップルを規準としていた。ですが、今は生涯未婚率が上昇し、結婚＝幸せという図式も疑問視されていますので、ライフコース選択が多様化していることが、そのまま性別役割分業の破たんをも意味していますし、高度成長期には不問に付されていたジェンダーの非対称性の問題が可視化されてきています。

橘木　こんなことを言ったら怒られてしまうかもしれませんが、高度経済成長期に学生くらいの年齢だった女性で、いま第一線で活躍している女性の多くは単身です。そちらを選択したということですよね。結婚してしまったら、社会的な成功はおさめられない時代だった。まあ、それはいま改善されているのかという点については横においておきましょう。

佐伯　皆婚社会の実現に、一億総中流社会と意識させる経済成長が寄与したことが原点ですね。

橘木　そうです。どんな男性でもある程度の所得がある状況になったから、みんな結婚することができるようになった。専業主婦もやることができたから、一億総中流は皆婚社会でありえたわけですよ。

佐伯　ただ、そこで成立した、結婚したら夫が稼ぐ、という高度成長期の日本型夫婦モデル自体が、経済低成長時代には成立しなくなった。いわば、近代化以前の、経済格差も身分格差も大きかった時代での、男性の結婚困難に類似した状況が生じているともいえますので、歴史的にはもとに戻ったといえるかもしれない。

これからは、稼がない男性は結婚できない、という既成概念自体を無効にしないと、結婚という現象は減って当然ですね。

橘木　一億総中流社会が皆婚社会であるという点を強く指摘されたことは、私にとっては目からウロコですね。

佐伯　そもそも皆婚社会が普遍的に成立するのか、または成立させるべきなのか。政策としては、「結婚は必ずしも人生の幸福ではない。だから未婚率の上昇も問題ない、ゆえにこれからはシングル単位での社会経済政策をなす」という発想にいくか、「結婚は幸福な人生を得るための権利であり条件である。だから、何らかの社会施策をうって皆婚社会を目指す」という方向にゆくか、どちらかしかないですね。

橘木　私は皆婚社会というのは成り立たないと思います。いまの世の中を見ていれば、結婚という形式自体が壊れている。フランスを例に出せば、だいたい結婚せずに一緒に住んでいてセックスもすれば子供ももうけますよね。私の仮説では、日本は欧米の三〇年後を追いかけていきますから、こうした形に移っていくのではないかと思います。

佐伯　欧米の日本との違いは、制度的な結婚や近代家族が解体しても、実質的なパートナーシップは残っているし、子供も生まれているということですね。制度的、法的な結婚には依存しないが、カップルの絆や出産は成立する社会をすでに形成している。

橘木　私もそう思いますけどね。結婚という形式にはこだわらない。制度のほうもその現実にあわせて変わっていくのではないですか。結婚よりも恋愛のほうが大切になるという解釈はできませんか。

佐伯　一年暮らしたドイツでも、ドイツ人と結婚された日本人女性の方が、ドイツのカップルは日本のカップルのように外でデートするよりも、付き合い始めたら一緒に住む、まず部屋や家を探そうとするので、最初は驚いた、とおっしゃっていました。なぜそういう発想になるかというと、カップルの絆に求めるのが、非日常的なデートではなくて、日常生活の共有なんですね。であれば、制度的結婚にこだわる必要も薄くて、当人どうしが愛しあっていると信じている状態であれば、それでいい。フランス人の日本研究者が、いわゆる「デート・スポット」を日本特有の社会現象として研究されていましたが、欧州はおそらく基本的に類似の発想なので、デートが未婚時代に特化されることもないし、それと表裏一体で、制度的、法律的結婚とは無関係なパートナーシップや、同棲、出産がありえるのだと思いますよ。永続的かどうかは別であるにせよ、当事者的にはパートナーとしての愛や絆があると思っているわけですから。しかし、日本に欧米型の恋愛はないですから。

橘木　恋愛は日本にはないんですか。これは画期的、あるいは斬新な考え方です。どうして、日本人は恋愛できないのでしょうか？

佐伯　私はこれまで生きてきた経験からも、少なくとも欧米的な意味での恋愛は日本社会ではマジョリティにはならないし、今後もおそらくならないと思うにいたりました。あったとしてもマイノリティで、そんなものを追い求めていては、私も含めて、日本では恋人も探しにくいし、結婚もしにくい。

橘木　欧米的な恋愛というのは何ですか？

佐伯　精神的なコミュニケーションと肉体的なコミュニケーションを一致させた、一対一のパートナーシップを完成形とみる愛ですね。基本はやはりキリスト教的な夫婦愛の理念ですが、欧米でも実際、そんなものを理想的に実現するのは簡単ではないので、離婚も多いですし、それなりの技法やプロセスが必要になるわけです。女と男という性的他者のパートナーシップの難しさをあらかじめおりこみずみであるからこそ、欧米では、カップルで行動することを若いうちから社会的に誘導し、それが規範となるようなさまざまな社会慣習がある。アメリカでは思春期から、卒業式のプロムでカップル文化に慣れさせるわけですし、欧米のダンス文化は、まさにそのためにありますよね。

橘木　私がアメリカに留学したときにカルチャーショックを受けたことがひとつあります。週末になると学生たちがバスに乗って近隣の男子大学、あるいは女子大学へ大挙して行ってそこでダンスパーティーをする。だいたいそこでカップルができます。みんな、必死になって交際相手を探しているのです。

佐伯　私も、八〇年代後半に、アメリカでホームステイ先のご家族から、プロムの映像をみせてもらったときには驚きました。日本の私の世代の高校生活では、高校生どうしの交際は必ずしも多数派ではなかったですが、アメリカでは高校行事がカップルなんだ、と。

橘木さんもおっしゃるように、ダンスは男女が自然に身体を触れ合うことのできる機会として、とても大切な、慣習化している文化ですね。日本にも昔、似たような男女の出会いを生む風習として、歌垣や盆踊りがあったと、下川耿史さんが『盆踊り　乱交の民俗学』（作品社、二〇一一年）で指摘されていますけれど、鷗外が小説で、盆踊りは猥雑だと顔をしかめているように、近代化のなかで盆踊りの背後にあった男女の逢引きはすたれました。日本では、男女が肉体的に接触する民衆文化がなくなったあとに、出会いを生む積極的な文化装置がない。

橘木　だからお見合いがあるのでしょう。恋愛が不得意だから、周囲がセッティングしてペアをつくる。なかなか賢い制度ではないですか。

佐伯　そうかもしれません。ただ、仲人文化によるお見合いもすたれた今では、婚活という用語も登場し、いまや行政までが、町コンなどにのりださねばならなくなった。婚活がサービス業として商業化されて、テレビでも大々的なお見合い番組が行われたり、旅行業者がツアーでそれをうたったりしている。

橘木　では、佐伯さんは、これからどういうふうにすれば恋愛が文化として日本に根付くとお考えですか。

佐伯　まあ、根付きにくいでしょうね。私のようなくそまじめな一部のミッション・スクール育ちがこだわっているだけで。恋愛についてまともに考えている人がどれほどいるでしょうか？　そもそもお見合いも婚活も恋愛のためにということではなくて目的は結婚ですよね。日本の恋愛にはゴールがあって、それが結婚と呼ばれる。逆にドイツやフランスなどでは、恋愛の末に結婚がある。だから制度的に結婚しなくても同棲するし、出産しても偏見がない。

しかし、日本の結婚は表むき愛とか恋愛とかいう感情優先にみえても、実質はいまだに、女性の家事能力と男性の収入のバーターとする場合が多いですから、男性の安定収入が結婚の条件となりがちですし、皆婚の慣習が破たんして、結婚にも意味をみいだせなくなるとすると、結婚までのプロセスに過ぎなかった恋愛も没落する。

橘木　結婚が恋愛の最終目的というのは、まさにおっしゃる通り。結婚までのプロセスとしての恋愛観をまずは破らないといけないですね。好きな人ができたら結婚ではなくて、まずは接近しなさい、そして恋愛を楽しみなさい、というような文化になればいいのでしょうか?

佐伯　そこは、個人の幸福感次第になってしまいますので強制はしにくいですが、感情優先のパートナーシップをめざすとすれば、そうでしょうね。

皆婚社会の歴史的考察

橘木　日本では、明治時代から長らく九八パーセントほどの人が一生で一度は結婚しており、一生に一度も結婚しないのは二パーセント前後で推移してきました。ですから、日本は皆婚社会だったといっていいと思います。だった、というのはここ最近その推移が崩れてきています。徐々に結婚しない人が増えてきております。いまでは五〜六パーセントポイントくらい結婚しない人の割合が上昇してきている。これを専門用語では生涯未婚率と言います。この生涯未婚率はだいたい五〇歳で区切ります。五〇歳までに一度も結婚しなかった人の率ということになります。これがいまは八パーセントくらいで、今後もっと増えると予想されています。二〇年後には男性で二〇パーセント、女性で一〇パーセントというような予測がなされています。私が個人的に関心のあることは、一生涯に一度も異性と性交渉のない人に男女差があるのかどうかですが、これは多分わからないでしょう。未婚率に話題を戻して、どうして女性のほうが未婚率が低いのか、お分かりになりますか？

佐伯　どうしてですか？

橘木　私もいろいろと想いをめぐらせました。普通に考えたら男女は同数に近いのでだいたい同じになるはずなんです。いま男の子の数のほうが多いですから、男性に「売れ残り」が出て、性別間で少し差はでます。しかし、ここまでの大きな差はでない。そこで私はもうひとつの有力な理由を見付けたのです。これは私の発見なのですが、男性は再婚するときも初婚の女性と結婚する率が高いんです。

佐伯　なるほど。

橘木　私の調べではそうなんです。ですから、男性は再婚の相手を探すときに未婚の女性と結婚する率が高い。そうすると、当然、女性で結婚する率は高くなる。ますます、男性があぶれる。

佐伯　それは面白い、といっている場合でもないですが、男性においては、二回も結婚できる人と一回も結婚できない人とに分かれるんですね。結婚格差、ともいうべき現象ですね。

橘木　まさにそういうことが言える。男は何回も結婚できる人もいるが、一方で一回も結婚できない男もたくさんいる。まあ、格差とも言えますね。

佐伯　統計で結婚格差がはっきり出るというのは驚きますね。

橘木　実際に私の周りの男性で再婚する人は、相手の女性が初婚というケースが多いんです。

これはいったいなぜなんでしょうか？　男性の場合はモテる男とモテない男の差が歴然としているということなのですか。

佐伯　日本では、さきほどからの話のように、男性の経済力が結婚を左右する大きな要因になることが理由として考えられますが、女性の場合は、個人の手腕によるところが大きいでしょうね。恋愛上手というか、要領がよいというか、若いうちは世間体や生活のために見合いで、それほど好きでない人と〝つなぎ的結婚〟をして、初婚の男性と恋愛して再婚する女性もありますけれどね。明治の柳原白蓮も、結果としてはそうですね。

橘木　統計からわかるもうひとつのことは、女性には再婚する気があまりないんです。結婚はこんなにミゼラブルなものなのか、という気持ちになって再婚意欲がない。

佐伯　日本社会のジェンダー状況からみると、夫は手がかかるからいらない、となるのもわからなくはないですね。生活費のバーターとしての結婚であれば、家事はしないといけませんし。

橘木　男は違いますね。妻が家にいて自分の面倒を見てもらいたいと勝手に考えている。だから再婚意欲が強い。

佐伯　それは腑におちますね。長時間労働と残業社会が解消されない限りは、現実問題として家事に代表される再生産労働は、生計を担わない側のパートナー、つまり現状では多くの場合、女性が担うように仕組まれていますからね。

橘木　ですから男性は必死になって再婚相手を探すわけだ。でも、できたら相手は初婚がいい。

日本には「嫁と畳は新しいほうがいい」という言葉があるほどです。まったく身勝手な話です。

佐伯 そういう意味でも、明治から大正あたりの女性のほうが、はじけていた気はしますね。本荘幽蘭など、すごいバイタリティーですから。現状の年金制度の日本では、夫が死亡したあとに主婦である妻には第三号の年金が入るので、結婚している時期には生活費の分の労働として、夫やそのほかの家族の世話をがまんしてこなすけれど、老後には経済的な見返りもある。だから現行制度においては、女性にとって制度的な結婚に対する経済的動機付けがあるけれど、男性はそうなりにくいので、未婚率に差がでるのかもしれません。

橘木 未婚率と年金制度との因果関係はわかりません。ただ、佐伯さんのその説に悪乗りすれば熟年離婚をする夫婦を見てみると、女性の側で年金権がもらえたというときに離婚するケースが多い。そこから考えると結婚のモチベーションに経済的な理由があるということはまったくないとはいえないでしょうね。熟年離婚の原因に年金があるというのはよく言われました。ただ若い層では年金のことはまだ考えていないでしょう。ですから、未婚率と結びつけるのにはちょっと無理がある。

皆婚社会でもうひとつ面白い事実があります。嫡出子と非嫡出子の違いを明治から調べてみました。そうすると、明治・大正時代は七〜八パーセントほどの非嫡出子がいます。ところが戦後になると、このパーセンテージが急激に減ります。第二次世界大戦後は一パーセント前後になります。ずっとそのくらいの割合で推移していました。が、実は最近ほんの少しですが非嫡出子の割合が増えつつあるんです。

佐伯　そうなんですか。

橘木　いやすごく上がったわけではないですよ。だいたい一パーセント程度上がったくらいです。これは新しい傾向ですね。皆婚社会でなくなりつつある証左かもしれません。未婚の母といったケースが増えている現れかもしれませんね。

佐伯　橘木さんとご一緒したジェンダー研究会で、ヨーロッパと日本の婚姻制度を法的に比較した発表がありましたが、ヨーロッパでは離婚を禁じるカソリックの縛りもあって、法的結婚の束縛が強いため、ハードルの低い事実婚を選ぶのに対し、日本は制度的結婚の法的制約が少ないので、法的結婚にも入りやすいのではないか、という見解がありました、専門外の人間としては、日本のほうが法的制約が強そうな印象をもっていましたが、逆であるからこそ欧州に事実婚が多いのでは、とのご指摘が興味深かった。

橘木　遺産に関していえば、前章でも言いましたが、非嫡出子は不利だったんです。これはごく最近改正されました。日本はこの差別があったから公的な結婚関係における子供が多かったのではないかと思いますね。

佐伯　そうした法律が改正されると、フランスのような事実婚による出産が増える可能性もありますね。

橘木　とはいえ、ヨーロッパなんかでは半分くらいの子供が非嫡出子ですからね。子供手当などの保障もしっかりしている。シングルマザーにもきちんとした保障が出ます。ここからは聞いた話ですが、北欧の男性は独身の男性が増えているらしいんです。これはなぜかというと、北欧では女性が妊娠をするために海外に出かける。男性と恋愛関係になってそして妊娠して母国に帰国するらしいんです。ちょっと信じられない話ですが。

佐伯　それは注目すべき現象ですね。日本では、父親が誰か明かさないでシングルマザーであることを公言する例は、フリーの文筆家や有名アスリートのような、そもそも何らかの傑出した才能によって社会的に認知されている人が目につくように思います。会社組織から〝公序良俗に反する〟といった批判をあびる心配もなく、収入があって一人で子供を育てる自信がある女性。勇気ある選択のようにみえますが、現代女性の願望として、子供は欲しいけれども夫は必ずしもいらないという考えがあるとネット上の情報にも散見します。生殖医療の進歩もありますし、単に人口も増やすことで少子化を解消したいのであれば、生殖医療へのアクセスを容易にすればかなり解消するとは思いますよ。実際、アメリカの同性愛のカップルで、既存の生殖医療サービスを普通に利用して、親になった方の例などみると、日本はそれこそ世間体にこだわる倫理道徳をふりまわしているような気もしますね。人類の生き残り戦略としても、女性が制度的結婚とは別に、子供はほしいと思うのはうなずける。

橘木　それは面白い視点ですね。人間も動物ですから、動物というのは子孫を残したいという本能を持っている。この本能には男性と女性で差があるのでしょうか？　オスとメスを比較した場合、どうでしょう？

佐伯　私は、人間の場合は個人差が大きいと思います。子供がほしくない女性も、ほしい男性もいますし。

橘木　人間の場合は感情の動物ですからね。その通りでしょう。では、人間以外の動物はどうなんでしょうか？

佐伯　長谷川眞理子さんの『オスとメス＝性の不思議』（講談社現代新書、一九九三年）によれば、動物や昆虫がどのような相手と生殖行動をしようとするかというと、より生存に有利な相手と関係を結ぼうとするようです。できるだけ優良な遺伝子を残したいという動機づけによるようですが……。

橘木　そのとおりだと思います。私の関心は少し違うところにあるんです。自分の子孫を残したいという気持ちはどうか。子孫を残すなら優良な子孫を残したいと思う。これは分かります。では、そもそも子孫を残したいという気持ちはどうなのか。

私の京大のときの女子学生で、子供は欲しいけれども夫はいらないという学生がおりました。ところが、子供は欲しいけれども妻はいらないという男性に私は会ったことがない。ですから、私は女性のほうが子孫を残したいという願望が強いのではと思っているのですが。

佐伯　うーん。それは高群逸枝さんが主張した、母系制といった話とつながっているかもしれません。高群さんに限らず、ひとつの歴史観として、母子関係というのは目に見えるけれども父子関係は目に見えないので、歴史的にはまず母親と子供の絆を中心とした女性中心の共同体があったという説がありますね。実証性については疑問もありますが、バッハオーフェンも母権制という概念を打ち出しています。しかし、男性も生殖に関与していることがわかってくるにつれて、女性の権力が低下し、父の支配がはじまるという説。ファンタジーにすぎないかもしれませんが、いまの橋木さんのお話をうかがっていると、人間という生き物を絶滅させないための、ある種の原始還りのような感じもうけます。いちいち決まった夫を選んでからでないと出産できないとなると、生殖にとっては手間がかかりますからね。

しかも、価値観が多様化したポストモダン社会のなかで、固定的、永続的パートナーシップを築くのがそもそも困難な時代を迎えているとすれば、夫はいいので子孫だけを残すという一種の母系制的な状態に無意識的にかえっているのかもしれないですね。狩猟社会であれば、男性が主として狩りに行って食料を確保し、狩りには武器や腕力を使いますから男性の実権は高まる。しかし、いまや女性も外に出て、狩りではない、生計のための労働をすることができる時代ですし、教育の男女平等で知力も養っている。そこでは女性同士の紐帯の可能性もある。おのずと可能性の幅は広がりますよね。

結婚の条件とは何か

橘木　恋愛においては、相手の経済力とかよりも身体的な魅力や容貌のほうがこだわる要素としては大きいと思います。しかし結婚の場合は違います。より客観的な条件、すなわち家柄とか経済力とか教育とかにものすごくこだわる。恋愛は性的魅力に惹かれる、結婚は将来自分が生きていくための手段として考える、これが私の仮説です。

佐伯　日本の場合は歴史的に見ても文学的に見ても、結婚を条件で決めるという傾向が非常に強いですね。明治や大正では今でいう恋愛などせず、決められた相手と親や親戚が言うままに結婚し、結婚式で初対面なんていうこともざらにあった。

橘木　ですから、当時は結婚した後に恋愛するということが間々あったでしょう。

佐伯　そうですね。日本人は江戸時代までは男女のエロス的な関係を「色恋」という言葉であらわしています。それは基本的に結婚外の関係をさしていて、夫婦になると「情」という単語に変わる。しかし、明治以降に love の翻訳語として定着した「愛」は、人類愛とか家族愛といったすべての人間の情緒的な絆を包括する概念です。そこが、日本に歴史的に存在していた「色恋」と「情」との使い分けとの大きな違いです。

キリスト教社会における「愛」の概念では、夫婦愛が愛の完成形となりますから、結婚前も結婚後も、同じ love という概念で男女関係を認識します。しかし日本語では、結婚前に付き合っている状態を恋人といい、結婚後に配偶者以外の相手と付き合ったら愛人と呼ぶ。よく考えると逆ではないかと思うのですが、日本社会では往々にして、結婚が情緒的絆と切り離されているから、むしろ結婚した後に付き合う人のほうが本当の愛なんだという、ある意味非道徳的な常識がまかりとおるのですね。困ったものですが。

橘木　実に見事な指摘ですね。欧米では、本当に愛し合っている者同士が到達するところが結婚なんですね。ようやく戦後になって日本人もそれが正しいんだと思い始めた。ですから、戦後のある時期には恋愛結婚がものすごく増えた。ところが恋愛感情というのは二〇年も三〇年も続かない。

佐伯　う〜ん、少女漫画世代としては、そこにはつい夢をもってしまうのですが……。

橘木　歴史的な事実からみたらそうではないですか。

佐伯　まあ、そんな子供じみた夢をいつまでももっているから結婚していないというのはつじつまがあっていますね(笑)。

橘木　ここは意見の相違でしょうか(笑)。もちろんいろんな人がいて何十年も恋愛感情を持ち続けられる人もいるでしょう。しかしできないとなれば離婚が増える。あるいは結婚しながら愛人を持つ人が増える。これがいまの日本で増えている状況なのだと考えていいのではないですか。

佐伯　確かに、昭和くらいまでは夫の一方的浮気が問題視されがちでしたが、今はネットでも、既婚女性が夫以外の恋人をもってよいか、などというやりとりが公然とあがっていますし、テレビドラマのモチーフとしても注目されていますからね。でも、少数かもしれませんが、愛情を維持している夫婦も皆無ではないでしょう。

恋愛観や結婚観を考えるうえで、テレビのバラエティー番組は実に面白い素材です。プロ野球選手と離婚した女性たちの話をきく番組があって、元プロ野球選手の妻たちが、夫の年収に惹かれて結婚して、夫が引退したから離婚したのではないか、という話題になったんですね。

橘木 それにその女性たちはどう答えたんですか？

佐伯 そこなんです。離婚した女性たちは、自分たちは年棒に惹かれて結婚したわけではないと言う。しかし夫が戦力外通告をされた時期と離婚した時期が重なっていることを、半分は冗談まじりではありますが、MCから指摘されるわけです。女性たちは、それはたまたまです、と言うわけです。テレビで本音を語る人は少ないかもしれないですし、本音と建て前ということかもしれませんが、コメントを求められた北斗晶さんは、夫の佐々木健介さんと結婚するときに、あなたに収入がなくなったときには私が稼ぐからぜんぜん気にしないで、と言ったとおっしゃっていました。明治前半型の働く母親のような意識ですね。北斗晶さんは病気になられる前に、よくバラエティー番組に出演されていましたが、なかなか興味深い発言をされていました。

現在の日本の経済的状況をふまえると、女性が稼ぎ手になるのは男女の平均賃金の格差もあり、経済低成長でますます不利なので、稼ぎのある男としか結婚したくないという女性が増えるのも必然といえば必然なのです。一方で、夫が主たる生計を継続的に担いにくくなった現在では、高度成長期に完成した〝男性一人稼ぎ手モデル〟の、破綻の可能性も目にみえているということです。北斗さんのように、〝男性一人稼ぎ手モデル〟を期待せずに結婚する明治的な共稼ぎ夫婦のほうが、家計のリスク管理としては安全ともいえる。ただ、それを長時間労働が当然の現代日本社会で実践すると、仕事と家事を勤勉にこなそうとする女性のほうに、知らず知らずのうちに過剰な負担がかかり、身体に響くということも深刻です。

エンタテインメントであるバラエティー番組の例でこんなことを断言することは不確実ではありますが、また、プロ野球選手という職業は決して一般化できませんが、高度成長期型の結婚スタイルが現代社会においてはもはや脆いものであるということが、露呈してきているとは言えると思います。

橘木　いまの佐伯さんのお話をもう少し一般化してみましょうか。高度経済成長期から安定成長期、つまり六〇年代から八〇年代まではサラリーマンとして稼ぐ夫と、郊外で家事育児をやっている専業主婦の妻というのが日本人の多数だった。プロ野球選手の場合は年収があまりにも多すぎるから特殊な例です。しかし、低成長期に入ると佐伯さんもおっしゃったように年収の低い稼げない男があらわれる。三〇〇万円の年収を稼げない男はモテないし結婚もできない時代になった。いわゆる三〇〇万円の壁ですね。そこで私が稼いでいるからあなたは三〇〇万円でもいいわよ、という女性がいるかどうかということでしょうね。

佐伯　多くはないかもしれませんが、いるとは思いますよ。少なくとも私は気にしませんが。収入が多いけど好きでない男性と、収入は少ないけど好きな男性であれば、個人的には迷わず後者を選びますね。好きでない相手におごってもらうフルコースよりも、好きな相手とシンプルにお茶しているほうが幸せですね。ま、嫌いな相手と安い食事というのは最悪ですが（笑）。

橘木　それは佐伯さんに稼ぐ能力があるからですよね。では、稼ぐ能力のない女性はどうでしょうか。三〇〇万円の年収しかないような男にはまったく魅力はなくなるわけです。

佐伯　そうですね。北斗さんも現実問題、自分が稼げるという見込みがあったからこそ、できた選択でしょうね。これがまさに経済の問題ですが、女性に経済力がつかないと、北斗さんのような選択をしたくてもできない。

橘木　それは稼ぎの多い女性は人生の選択肢が増えたということですか？

佐伯　女性が経済力をつけることにどんなメリットがあるかといえば、好きでもない男と結婚する必要もなくなるので、そこは自由になると思いますが、その分生活労働の苦労は必要です。

橘木　男は自分の稼ぎが女性より少ないとものすごく縮こまるんですよ。これはなぜなんだろうかね。男が稼ぎ、女が家にいるという旧来からの家族観を男性が保持し続けているということなのでしょうか？

佐伯　それは、昭和に生まれ育った日本の男性に限定の発想でしょうね。週刊誌やネットの情報では、最近の若い男性は、むしろ高収入・高学歴の女性をパートナーに望んでいるともありますし、意識調査の結果でも、結婚後も妻に働いてほしい男性の割合が多いのです。

橘木　むかし、若い女性の理想の男性に三高というのがありましたね。高学歴・高収入・高身長。

それを男性が女性に対して求めだしたというのは新しい流れですね。そういう男性は稼ぎも少ないし、背も低いし、学歴も低いから自分は三高の女性にとことん尽くす、という考え方なんですね？　働くのも家事も女性がやるなんて話はないですよ。

佐伯　いえいえ、そこは、妻に尽くせという逆パターンではなくて、どちらかが病気になれば互いにケアしあったり、人間としてフェアに生活面の庶務を分担するだけですよ。男性の魅力は収入だけではないですし、同じ歴史のアヤマチは繰り返さない。理想の夫像として、「三高」から「三Cへ」（コンフォタブル、コミュニカティブ、コオパラティブ）という指摘もされていますから、夫の魅力も、稼ぎや身長以外の、情緒面やケア役割にシフトしていると思いますよ。

ただ、女性の社会進出に伴って、女性は「家事か仕事か」ではなく「家事も仕事も」という時代になったという二重負担の指摘もありました。「家事も仕事も」があまりにも日本社会ではストレスフルなので、従来はあきらめる女性もいたわけですが、同じことが男性に求められてもいけない。そこは日本のワークライフバランスの改善と、次世代の男性の意識改革に期待したいところです。

橘木　一時期、高収入の年上女性と低収入の年下男性との結婚を「格差婚」と称していた時期がありましたが、最近はほとんど呼ばなくなっていることを考えると、そうしたケースがめずらしくなくなったということがあると思います。しかし、問題としては、そうした夫婦関係であったら男性が家事・育児などの再生産労働を積極的に手伝うかというとそれはないのではないかと思います。子供が生まれて子育てしないといけない時期に、仕事をやめてまで低収入の夫がそこに関与するかといったら、それはあまり想像できないですね。
私はこの点に関しては仮説を持っているのです。つまり、動物の本能なのではないかということです。鳥を見てみると、メスが巣にいてオスが餌をとってくる。これが人間にもあてはまるのだ、とは言えないのですか?
佐伯 それは非常に分かりやすい生物学的決定論ですね。もちろん日本社会ではそういう役割分担を内在化させている女性も男性も多いと思います。しかし、海外では女性が働き男性が家事をするカップルや夫婦を普通に身近に見てきましたので、私自身も「ああ、女性が家事に向いているというのは思い込みや刷り込みだ」と意識改革ができましたね。
橘木 動物の本能ではないわけですね。そうすると歴史的な人間の生活のなかからそうした役割分担が発生してきたということですね。
佐伯 岸田秀さんの表現を借りれば、人間はもう本能が壊れている。そうした壊れた本能においてさまざまなパートナーシップを結んでいるわけで、岸田さんも指摘されるように、生殖に関係しない性行為を行うこともその最たる例でしょう。
橘木 そうすると男性で専業主夫になる人は増えないだろうという説は間違いですね。
佐伯 そうなんですが、日本社会では、ここが確かに難しいところですね。日本は前例社会ですし、チョドロウの『母親業の再生産』(新曜社、一九八一年)のように、親のしていることを見て子供はどうしても育っていきますから、父親が家事をしない姿を見て育つ多くの日本男性は、男は家事をしなくていい、という意識を内在化させて育つ可能性が高くはなる。実は私自身も、大学生くらいまでは、父親が料理や洗濯をする光景は想像もつきませんでしたので。

そうした固定観念が経験的に崩れたのが、さきほども申しましたように、海外での研究生活ですが、アメリカで寮生活をしていたとき、妻が社会人で、夫は大学院生で博論を書いている、というカップルはざらにいましたからね。子供さんもいて、夫がごく自然に在宅で子供をケアしながら研究している。日本のように、〝ぼくは男なのに子育てをしている〟という気負いもないし、もちろんコンプレックスも無い。でも日本では、〝男は稼がないと結婚できない〟というのがいまだ倫理道徳みたいになっていますから、男子大学院生の結婚はあまりきかない。逆はままありますが、そこも象徴的ですね。日本では、稼ぐ夫をもつ妻は、生計の責任にこだわらずに研究できる。でも、以前にジェンダー研究会の懇親会で、京大の大学院生の方たちが、結婚していない大学院生のほうが少なくなったね、という雑談をされていて、さすが京大は違うな、と思いましたよ。東大の大学院では、そういう話はあまりきかなかったですから。

橘木　しかし、いま佐伯さんがおっしゃっている例は男性も女性も働いているケースでしょう。女性が働いているケースは佐伯さんが言うような関係性ができることはあるでしょう。しかし、女性が働いていないケースもかなりありますよね。そのケースではいまだに女性が家事や育児をやるということになり、男性の家事参加は少ないという現状があるのではないですか。そう考えると、女性がどれだけ働くかによって決まるとも言える。徐々に結婚後も働いている女性の率は増えていきます。将来的には女性が男性とまったく同等に働いている社会になると私は予想しています。ですので、家事に関しても男女がまったく同等だという主婦が増えると思います。まあ、しかし、いますぐにはなりませんね。

佐伯　そうですね、いますぐ、というのは想像しにくいですね。昭和世代の価値観が滅亡しないと、実現しないでしょうね。私は八〇年代に大学生だったころ、女性史の本や上野千鶴子さんの著作を読んだりして、自分が中年になっているころには、橘木さんがおっしゃるような社会状況が実現しているだろうと漠然と思っていました。ところが、それから三〇年もたっても、日本社会は変わらないどころか、かえって女性をめぐる価値観は保守化している。

橘木　逆に、上野さんの予想した動きと違う変化だってありますよね。たとえば、高学歴の女性が専業主婦を望む率が増えているとか。ただし、長期の傾向で言えば女性も働く率は高まるだろうと。だから、将来的には佐伯さんがおっしゃったような夫婦関係が主流になるだろうと私は思っています。

佐伯　何世代かかるでしょうかね。芸能人でみれば、女優は結婚しないでみんなのアイドルであり続ける、という時代から、今では、結婚、出産したタレントさんが女性としても憬れの対象になっていますし、ママドルという枠もできましたから、そこはかなり変化してはいますね。

男性の就業率と女性の就業率が近づくという橘木さんの予想ですが、ちなみに賃金はいかがですか。賃金差もなくなるでしょうか？

橘木　フルタイム労働での男女間の賃金格差というのは現状でも少しずつ小さくなっています。やはり女性差別はいけないという意識がありますからね。しかし女性には非正規労働者が多いので、彼女たちを入れると縮まっているとはいえませんね。

佐伯　正規労働者の女性が増えるというのが橘木さんの予想ということですね。そのことによって非正規労働者の女性の数が減り、相対的に賃金の格差も減っていくだろうと。

橘木　そうですね。

女性の活躍できる分野とは

橘木　すごく素朴な疑問なのですがいままで数学者や作曲家ですごい女性はどうしていないのでしょうか？　フェミニストの主張によれば、昔は職業に就く女性への教育がなかったので、一流の女性が数学者や作曲家を含めて種々の職業人として育ってなかったとされてきました。この主張は正しいと思いますが、モーツァルトなどは幼児の頃から才能を出していたのですが、なぜそういう天才に女性がいないのか、というのが素朴な疑問なのです。

いま小学校で算数のテストをやると平均では女の子のほうが点数がいいんです。ただ分散をとると男の子のほうが大きい。つまり、男の子はものすごいできない子もいるが一方でびっくりするくらいできる子もいる。これは何か原因があるのでしょうか？

佐伯　以前にある研究会で養老孟司さんから、左右の脳をつなぐ脳漿にジェンダーやセクシュアリティによる差があるという説をうかがったことがありますが、諸説あるようで、数学や音楽をめぐる教育環境の歴史的な違いも要因にあげることができると思います。

橘木　文学賞は多くの女性が受賞していますね。女性の能力が男性よりも優位な分野というのはあるんじゃないですか。私は最近の文学賞の受賞者を見ていて思うのは東大出身者が異様に少ないということなんです。東大生は文学的な能力がないということなのか。

佐伯　文学という領域は確かに、『源氏物語』以来、日本女性が知的能力を発揮できる数少ない場として機能してきました。日本女性の作家としての活躍というのは、世界的に見ても大なるところがあります。イギリスにもヴァージニア・ウルフやジェイン・オースティン、フランスにもマルグリット・デュラスなどがいますし、『ハリー・ポッター』の作者であるジョアン・キャスリーン・ローリングも女性ですが、総体的には、どうでしょうか。ジェンダー平等がより進んでいるとされる社会において、必ずしも文学における女性の活躍が目立たないのは、日本の女性は他の社会的領域で抑圧されているがゆえに、文章を書くというモチベーションが非常に高いのではないか、社会的に発信しようとするとそこにゆきつくしかないのかも、ということです。

橘木　私の考えと逆の発想ですね。抑圧されているから文学においては活躍できると。

佐伯　ジェンダー平等が達成された社会では、それだけ女性の悩みも少なくなりますし、他にいろいろ活躍の場があれば、書くことで苦悩を吐露したり、執筆に活路をみいだしたりしようとする欲求や必然性が少なくなる。女性が書くことの動機づけにトラウマ経験があるという議論がありますが、現実社会での心の痛みや実際に人生で直面する苦悩を書くことによって発散することで、いくばくかは救われるし、癒される。そして、同じような苦悩をかかえている女性読者の共感を得る。

橘木　ということは、私が東大生の文学賞受賞者が少ないように感じるというのは、東大卒の男は抑圧をほとんど感じていないということですね。

佐伯　社会的強者としてのパスポートは、とりあえず東大卒という肩書で手にいれているわけですからね。そういう点でいえば抑圧は少ないでしょう。男ならなおさらです。もっとも、今や東大卒でも必ずしも将来安泰ではないと、言われてはいますが……。

橘木　文学は抑圧がないと生まれないというのは私の発想にはまったくなかったですね。

そうすると、女性が今後ものすごく活躍できる場というのはなんでしょうか。私のような経済学者は、やはりそういうことがすごく気になります。

佐伯　自営業などのビジネスなら、可能性があるのではないでしょうか。

橘木　実業ですね。それはものすごくありえる話だね。

佐伯　思い浮かぶのは、吉本興業の吉本せいですね。彼女はさまざまなアイデアを出して、創業期の吉本の成功に寄与した。現代の主婦の方にも、自身の生活経験のなかからアイデアを出した商品を開発して、ネット等を駆使して、でカリスマ主婦として成功している人がいますよね。そうした、アイデアで勝負できるビジネスの場であれば、女性は大いに活躍できると思います。

橘木　いままでビジネスというと男性というイメージがあった。それは、旧来型の男性が働き、女性が家事をするというモデルの延長的なイメージですよね。しかし、そのモデルは機能を失って、女性もどんどん働くようになる。では、その女性たちはどこで活躍するのか。実業家というのはすごくいいと思いますね。たとえばアメリカのトップ自動車メーカーであるGMのトップはいま女性ですし、そういう流れは日本でもできてくるかもしれません。

あとは政治家はどうですか？　日本はどうして女性の政治家は少ないのでしょうか？

佐伯　お手本となる女性の政治家がまだ日本に少ない、ということもあるかもしれませんね。政治家というと日本ではまだおっさん主流で、女性は有名政治家の血縁や配偶者というパターン。女性が政治家を目指そうとした場合、男性型によりそう意識が必要になってくるのでしょう。「名誉男性」ですね。スキャンダルの噴出も、男性政治家モデルの裏返しのようにみえますが、そうならないと溶け込みにくい世界なのかもしれませんね。

橘木　世界を見回すと女性の首相はたくさんいますよね。カナダもそうだったし、オーストラリアもそうでした。アジアにも多くいました。女性政治家の専門家である女性からおもしろい話を聞きました。イギリスの首相、マーガレット・サッチャーは女性という自意識はさほどなかったのではないか、ということでした。女性政治家になるには、女性であることを忘れた方がよい、との解釈ができるかもしれませんが、日本はそういう候補がいないというのが不思議なんですよ。

佐伯　実は、私的なパートナーシップの要因も大きいと私はみています。ファーストレディになることを名誉だと思う日本女性はたくさんいるでしょうが、ファーストハズバンドになりたいという男性は日本では少ないでしょう。そういう男性がたくさん出てくれば変わってくると思います。ドイツのメルケル首相の夫に対して、首相のヒモみたいな見方をするメディアなんて現地では当然ないですし、そんな発想をする人間がいたとしたら見識が疑われますが、日本の現状では、仮に女性首相が誕生したとすると、夫はどんな職業でどのくらいの収入なのかといった妻との比較の情報を盛んにメディアが書き立てて、揶揄的な報道をする可能性がありますし。

橘木　アジアでは女性で首相になった人はほとんどすべて世襲ですね。お父さんも首相や大統領だった人ばかりです。これはアジア的な体質なのかもしれませんね。

しかし、実業家と政治家というのは私は女性がこれから活躍できる分野だと思いますね。

佐伯　そうですね。日本でも、父や夫の権威にすがらずに誕生する女性政治家もいますしね。ビジネスの世界なら、新しいことが良いアイデアであれば評価されますし、必ずしも規範や権威にとらわれる必要がない。と考えると、大塚家具の例は二重構造で、過去と現在が交錯していますね。

橘木　男の場合は前例を気にしたりしますから、女性にはそうした先入観がないと考えれば、非常に有利ですね。

第3章　日本経済が抱えこむ問題とは何か——道徳と本音の経済学

性とお金がつながるところ——性産業を考える

佐伯　恋愛の問題もそうですが、私には類似の問題として、女性の性や感情を金銭で買う制度や文化が日本には歴史的に根強く存在するということが、経済上の問題としても挙げられると思っています。

橘木　性の欲望の捌け口を売春でおぎなっていたのがいけないということですね。

佐伯　オランダのように売春が合法という地域もありますが、日本の場合には、性的な欲望をビジネスとしてわりきって処理するのではなく、そこに感情の売買が伴うのが特徴なのですね。私が昔、『遊女の文化史』という本を出したときに、いろいろな方に売春を肯定するのか、とお叱りをうけましたが、私の研究の出発点は、日本文化において、遊女という存在とはいったい何なのかということでした。研究を一度まとめた八〇年代には、私は遊女という存在について、文化史的にはポジティブな見解を持っていました。日本の芸能の歴史は遊女なくして成立しませんから、その歴史的貢献は無視できません。しかし、その後、社会科学系の職場に異動して、より社会的な観点からこの問題を考えなおしたときに、確かに、日本の遊女は文化史的、歴史的には重要なのだけれど、現代社会においてはそうした歴史が歪んだ形で継承されているということに、問題を感じざるをえなくなりました。

日本は宝塚歌劇や現代の女子会ブームにもみるように、女性は女性、男性は男性でつるむことに居心地のよさを覚える、極めてホモソーシャルな社会なので、欧米型の「恋愛」文化が定着しにくく、そのために、キャバクラやガールズバーという金銭を介在した形でないと、男女が接近しにくいんですね。JKおさんぽ等の恋愛的ムードの商業化もその延長上にあるでしょう。

江戸の遊廓は、当時の結婚が当事者の感情と無関係に決められがちであったため、結婚関係で満足させにくい男女の恋心を、結婚外で満たす機能をもっていましたが、プロの接客業の女性のもとに行けば疑似恋愛ができる、という期待は、自由恋愛が可能になっているはずの現代の日本社会にも連綿と受け継がれている。しかも、そのすべてが経済活動です。お金がおちる、つまり経済効果があるわけです。消費活動と疑似恋愛がこれほど結びついている文化は、日本以外にないと思います。

橘木　そうしたお仕事をしていた女性と、お客としてきていた男性とが恋愛結婚してもいいわけですよね。

佐伯　可能性としてはそうですね。しかし、そのときに現代日本の男性客の想定しているゴールのだいたいは、結婚ではなく結婚外のエロス的関係ではないでしょうか。ゴールを結婚と想定していたのは、自由恋愛や自由結婚の概念がなかった江戸時代の、かつ遊女を見請けして妻にしたり、妾にしたりする経済的余裕がある男性客であって、余裕がない男性客は心中するしかない。近松門左衛門が浄瑠璃に残している通りです。

橘木　なるほど。もう昔の人がそういうことを書いているわけですね。

佐伯　昭和期でも、週刊誌報道が正しいとすれば、花柳界の女性を好きになったけれども結婚できず、別の女性と結婚した大物政治家の例は、江戸時代に近い例ですね。しかし江戸時代とは違うので当然、心中まではせず、社会的な立場もあるので、見合いで結婚する。そうすると、愛されない妻と、愛しあっていたのに結婚できなかった女性という、不幸な女性が二人も生まれる。男性の側も、好きな女性と結婚できないのは不幸ですよね。でも、素人相手の恋愛文化が十分に成熟しない日本で、接客業の女性と本気で恋愛する男性が出てくるのも必然なのですね。ただ、女性の心と体を一緒に買おうとする文化が、経済力のある男のみで可能であることも問題ですね。

橘木　私からちょっと聞きたいことがあります。反対に女性が男性を買うというような状況がこれから生まれてくると思いますか？

私は、やはり身体的な機能の問題があると思います。露骨な話で恐縮ですが、セックスの終わりはだいたいが男性の射精だとされている。女性が男性を買うという場合、射精することがサービスの終わりなのかは当然議論する余地がありますが、基本的にはそういう社会的な通念に従うとするならば、一日に何度も射精するというのは無理がある。一日にとれる客の数が限定されます。ということは、単価が高くなりますよね。こういう物理的な無理が、女性向けの性産業の実現の障害としてあるように思います。もちろん射精をともなうようなものではない、もう少し性的なケアのような産業は少しずつ増えていく可能性はあるでしょう。

佐伯　そこは、私も常々気になっています。身体的な条件もある程度は作用しているとは思うのですが、女性も若衆買いをしていました。日本初の展覧会で話題になった春画からもわかりますが、江戸時代の若衆（少年）は、女性と男性、両方にサービスしていましたから。

商業的な面以外でも、既婚、未婚を問わず、江戸期の庶民の女性の性行動に対する規範は武家よりもゆるくて、上方落語の『いいえ』という演目では、旅の女形役者に一夜の宿を貸した地域住民の家族が、夫婦、一人娘すべて、その役者とゆきずりの関係をもつ。女形役者が女性とも男性とも性行為を行うことがあたりまえとして描かれているのも、江戸期の特徴をよくあらわしています。しかも、家族三人、うすうす三人ともその役者と関係をもったことを察知しつつ、何かあったのか？　いいえ、というやりとりでオチがくる。これ、京大の学生さんがゼミで教えてくれた例です。

近松の浄瑠璃が描く武家の姦通ものなどと違って、『いいえ』では、夫もさして妻を厳しくとがめる様子はなく、その意味では男女平等だったと言えるかもしれませんね。役者を女性が金で買うという性行動に対するタブーも薄かった。ただ、近代社会になるとプロテスタンティズムの影響で、性を売買することに対するタブー視も出てきますし、士族的でストイックな性的規範が女性の方に多くかかってきた。

さきほどの橘木さんのお話でゆくと、以前、現代社会の高齢者の男女交際について調べた際に、女性が男性にパートナーシップを求める動機は経済的安定で、一方、男性は高齢になっても、パートナーに性的安定を求める、という調査結果を読んだことがあります。

橘木　これは男性と女性の絶対的な違いなんですかね。どうしてそういうふうに分かれるのか。理由はあるのでしょうか？　これは永遠のテーマですね。

佐伯　そう言ってしまうと生物学的決定論に陥りがちなので、慎重にならないといけないとは思いますが。

橘木　たとえば、女性は「産める」性なわけです。ですから、性的関係を結ぶということのリスクは男性よりも大きいということはあるかもしれませんね。いろいろなことが考えられる。避妊がパーフェクトだったらいいのかもしれませんが、どこの誰かわからない人と金銭的な契約関係があるとはいえ性的関係をむすぶことにはリスクがある。

佐伯　出産に関していえば、日本の倫理道徳観は、特に生殖技術に関しては特徴的ですね。さきほども申しましたが、日本よりも生殖技術にアクセスしやすいアメリカでは、同性愛のカップルでも子供を作る方法がありますが、この点、日本の社会通念ではそこまでわりきらない。

橘木　いろいろな意味で議論されてますよね。

佐伯　海外の同性カップルと話をすると、日本の生殖医療をめぐる道徳観が形骸的に見えることもあります。仮面夫婦のもとで育つ生殖技術によらない子供と、同性であれ異性であれ、仲の良いカップルのもとで育つ子供の、どちらが幸せなのか、よい親といえるのか、という問題です。家族とは何か、血縁さえあればいいのか、という重い問題ですね。少子化が悪いというなら、もっと生殖医療に簡単にアクセスできるようにすればいいだけの話で、六〇歳で出産された日本女性の最高齢妊娠の記録も海外の方との年の差婚で、逆に、形式にこだわっていたら少子化になるのも容認せざるをえないでしょう。

ベルリンで暮らしていた時、同性愛者に寛容な街として知られているので、ゲイカップルの方も街角でよく目にしました。そしてある男子学生の方が、「最近、子供ができました」と、一緒にお茶をしながらうれしそうに写真をみせてくれたんですね。その赤ちゃんは、仲の良いレズビアンのカップルに、自分の精子を提供してできたそうなのですが、それぞれのカップルで分担して育てているとのことでした。あまりにもあっけらかんと話してくださるので、日本との違いにカルシャー・ショックをうけました。最近ハワイに留学した女子学生も生殖医療についての意識の違いにカルチャー・ショックをうけたといいます。

日本だと血縁や体裁がすごく大切で、結婚やパートナーシップの実態については、実は深く考えない。最近では、映画の『そして父になる』（是枝裕和監督、二〇一三年）など、問題提起をしている例もありますが。理想の家族とは何なのか。そもそも家族であるということにどういう意味があるのか。法的に結婚していて、ヘテロのカップルで、血のつながった子供がいる、という三点セットが絶対的な規範なのか。血縁家族間の殺人事件も事実としてありますし、日本以外のいわゆる先進国の例に目を転じてみると、三点セットがむなしい信仰のような気もしてきます。

橘木　たとえば、人工生殖の場合は、精子を選べるんですか？　男性の人種とか、知能とか、体力とか。

佐伯　できますね。ある日米のレズビアンのカップルの方は、日本人の方がナニーさんに見えないように、アジア系ではない精子を選ばれたとのことでした。

橘木　そういうかたちで誕生した子供が、のちのちどうなるか、といったことまで議論しているんでしょうか？　いま日本でも、精子提供で生まれた子供が自分の父親を捜すといったことが話題になっていましたが、海外ではどのように処理されているのですか。

佐伯　そのあたりはドライな印象がありますね。九〇年代にアメリカで暮らしていたときにも、ある催しで一緒になった白人の女性が、「今、子供たちをまたせてるから」とおっしゃるので行ってみたら、普通にアジア系のお子さんでしたからね。生みの親より育ての親、という言い回しは、むしろアメリカ社会のほうが成り立つのかもしれません。

また、二〇一〇年の秋に、ヘルシンキ大学で開かれた学会のパネルでご一緒したある男性研究者と話をしていたら、ある女性が養子をとったのだけれど、途中で育てることが難しくなったという話題になりました。その養子さんをどうしたの？　と尋ねたら、「たいしたことじゃないよ。

次の日から違う家で寝るんだよ、と伝えればいいだけだから」というのですね。私もさすがに、それは冷酷だなと思ってしまいましたが、親子関係に対してそれだけドライなのですね。

橘木　やはりそういう話を聞くと、家族主義と個人主義という区別はできそうですね。日本と欧米の決定的な違いですね。これは養子という制度に関して、日本と欧米の間には差があります。昔の日本では家系や家業を断絶させないために、養子が普通に行われていました。現在では家制度が役割を低下させたので、養子の数は減少しました。一方欧米では民族や宗教の違う身寄りのない子供を養子にする例がありますが、日本ではその例は少ない。

アンダーグラウンドエコノミー

佐伯　日本では一大産業としてネオン街に代表される夜の接客業があります。愛と経済の問題を考えていくうえで、当然この現象について触れないわけにはいかないと思うのですが。

橘木　日本のネオン街に行っているのはサラリーマンですよね。会社の仕事で上役に怒られて、たまったストレスを発散する。じゃあ、どうやって発散するか。酒を飲んで横に女をはべらせて、今度は自分が主役になることで発散しているわけです。

佐伯　長時間労働や日曜も接待ゴルフという日本の従来型のビジネスモデルにおいては、男性はストレスがたまるというのは一理あって、海外の研究者も、女性の接客業や性産業が日本で発達しているのは、ストレスフルな労働環境が一因ではないかとおっしゃっていました。

橘木　夜の街に繰り出すためには、さらにそうしたお店で遊ぶためにはものすごくお金がいるわけですよね。ですから、こうしたお金をすべてのサラリーマンが出せるわけではない。しかし、面白いですね、日本では企業がこうした遊興にお金を経費として出すことがある。

佐伯　それは重要な点ですね。会社がお金を出して男を遊ばせる、ってなんなんでしょうね。

橘木　いわゆる接待ですね。接客というのがネオン街の大きな役割としてあるように思います。昼のあいだではざっくばらんなビジネスの話ができないから、夜に酒を飲み女をはべらせて本音で話す。こうした文化がある。日本の社会独特ですよね。

佐伯　独特のコミュニケーションスタイルですよね。ビジネスの話をするのに、どうして横に女がいないとできないのか、本当に不思議な話です。映画『青い山脈』でも、先生たちが男女交際をしている女子生徒への対応について相談するのに、芸者さんをはべらせてお座敷でしているシーンがあります。まず君たちの素行を直せ、と。有名な医療ドラマの『白い巨塔』でも、教授選をどうするかについて、財前派はミナミの花柳界の座敷、東派は新地のバーでやっている。慣習といえばそれまでですが、なぜ花柳界とバーに行って話さないといけないのか、意味不明です。

橘木　私も、なんでかと言われると分からないですね（笑）。

佐伯　日本型コミュニケーションのこうした特徴は、歴史的には、江戸時代の遊廓文化の著しい発達と関係があると私は考えています。ヨーロッパのサロンでは、女主人が社交の中心となるわけですが、日本の場合は遊廓で太夫《たゆう》さんが接待する。日本では、女性の社会的立場の違いや金銭の授受があるのが大きな文化的相違です。

橘木　そういう場所で接待する女性は絶対に男性同士がその場所で話している秘密は口外しないという伝統があったようですね。いまだに政治家だって料亭で話しているでしょう。金の話なんかも当然するけれども、それは外にはもれない。いまもあるかどうかは知りませんが賄賂のやりとりなんかもそういう空間で行われますね。文化ですね。

佐伯　そうですね。日本人のビジネスマンの成功モデルというのは、銀座や赤坂のような高級バーで散財するということがありますね。

橘木　シンボル的な行為ですね。

佐伯　つまり、そういうところにムダ金を使って達成感を感じてしまう文化なので、寄付などの社会貢献という行為に結びつきにくい。座っただけで何十万なんて、実質は意味不明ですが、意味不明だからこその象徴的達成感なのですね。いわば男のためのポトラッチですか。私から言わせてもらえば、それは紀伊国屋文左衛門なんです。江戸時代に、士農工商の身分の壁をこえて成功したという達成感を確認する行為の極致が、遊廓で散財することでした。士族は遊廓では逆に野暮な客として下にみられていましたからね。

橘木　紀伊国屋文左衛門もたとえば遊廓などで権力側に賄賂を渡していたんですか？

佐伯　賄賂については裏の歴史なのでなかなか実証しにくいと思いますが、廓全体を買いきったとか、小判をまいたとかいう豪遊の逸話は残されていますし、遊廓を通じて江戸時代に全国的なお金の流れがあったという実証的な研究成果が、最近出ています。『遊廓社会』というシリーズの中の論文（横山百合子「遊女を買う——遊女屋・寺社名目金・豪農」）で、寺社や豪農を中心として近世社会が、遊廓とのつながりによって金融的に支えられていたことが実証されており、大変によいシリーズ本です。いわゆる水商売が日本経済の実質的な核になっていて、〝ネオン街が活性化しないと日本経済が潤わない〟などという、ジェンダー論的にいえばとんでもない言い回しは、実は江戸時代以来の歴史的背景があるので、まことしやかに語られるということが納得できます。

橘木　それはまさにその通りですよ。京都の祇園で散財するのは二つの職業だという話がありま す。ひとつはお寺、もうひとつは西陣なんです。京都はお寺だらけじゃないですか。各宗派のトップがいますからね、みんなお金持ってます。西陣は織物業者で財を持っていました。私はここにもうひとつ加えたい。京都帝国大学の教授です。

昔の帝国大学の教授というのは給料高かったんですよ。地位も高いですし。『「いき」の構造』を書いた九鬼周造という哲学者がいますね。彼は京都帝国大学教授ですが、祇園で寝泊まりして人力車で京大に講義をしにいって、終わるとまた祇園に戻って来ていたという逸話があります。

佐伯　学生時代に『「いき」の構造』を読んで、当時は感動して何度も読み返しましたが、その後、はたと気が付いたのは、「いき」がつきつめれば花柳界の美学だということで、それはそれですばらしい美学ではあるのですが、日本文化の美意識のすべてであるかのようにとらえるのはどうなのか、と。非常に深淵な哲学と思われているものが、実は花柳界という独特のコミュニケーション世界における男性の生活という、きわめて個人的な文化的振舞いのなかから出て来ているということは、特筆すべきことでしょう。

夜の街にどのくらいお金が流れるかで、景気がいいとかわるいとか判断できるというのは、経済学的にも正しいものなんですか。

橘木　経済学者としては非常に面白くないことを言いますが、そういう世界というのは正直、どのくらいのお金が動いているのかわからない世界なんですよ。

佐伯　わからないんですか。

橘木　われわれはそれをアンダーグラウンドエコノミー（地下経済）と言います。

佐伯　夜の街に流れているお金のすべてがアンダーグラウンドになってしまうんですか？　それでは日本経済の実態が、名目ではわからない、かなり不透明なものということになってしまいますね。

橘木　いや、さすがに全部ではないです。しかし、数字として把握できないものがたくさんあることは事実です。たとえば祇園とかで遊んだお金がどれだけ所得として計上されているのか、実際はわからないでしょう。暴力団関係の資金もわからないでしょう。

佐伯　官房機密費みたいな話ですね。どうしてわからないんですか。

橘木　早い話、一千万円を散財したかもしれませんが、数字に出るのが一〇〇万円だったら、九〇〇万円はなかったことになってしまう。アンダーグラウンドということですね。当局が把握できない経済活動水準ということです。アンダーグラウンドエコノミーが強い国はスペインやイタリアやギリシャなんですね。政府もそうしたアンダーグラウンドの部分からは当然税金はとれない。経済活動の量が計上されないわけです。さきほど言った国々は経済的には弱くなりつつあるといわれていますが、アンダーグラウンドエコノミー的には強いから心配ない、という人もいますね。私もその話がどれだけ正しいかはわかりませんが。

佐伯　アンダーグラウンドエコノミーを研究している人はいないんですか？

橘木　いや、数字が出てこないのですから研究のしようがないです。統計もとりようがない。アンダーグラウンドというと非合法なものをイメージするかもしれませんが、正直、お寺の経営状況など経済学的にはわからないですよ。お寺のお布施なんてまったくわからない。

佐伯　一般市民がまったく知らないところで、莫大なお金が動いているのでしょうね。そうすると夜の街で働いている女性たちについても、経済学的に考えることは難しいということでしょうか？

橘木　バーやキャバレーも当然税金は払っていますから、そこから分かりはしますが、それが過少申告しているとすれば実態はわからないということはありますね。おにぎりを売ったりしているわけではないですから、帳簿的な面で申告された数字がおかしいということはわからない。そもそも、そうした夜の街で飲んでるほうもちゃんとわかってお金を払っていないでしょう。

佐伯 言われるがままの金額を払う。

橘木 そういうことです。経済学者は、ですからそうした金の動きをわけのわからないものとして考えています。

佐伯 私は夜の街ですでに働いている女性には、働く女性として事情があったと思いますが、今後はそれ以外の職業選択肢も増やすべきだと思いますし、昼のあいだのうっぷんを夜の街で、家庭の外で、妻以外の女をはべらせて酒を飲んで晴らすというような文化は、将来的には徐々になくなってほしいと思いますね。

橘木 なくなるでしょうね、たぶん。アングロサクソン文化圏ではあまりそういうことはやらないわけですから。

佐伯 ただ、日本では女性の側も、〝亭主元気で留守がいい〟という文化ですから、むしろ夜の街でうっぷんをはらしてもらって、家に仕事のストレスをもちこむな、という妻側の姿勢も、水商売の隆盛を後押ししている面がある。だから、単純に女性差別という観点から日本の女性の接客業を廃止するのは難しくて、明治以降の女性解放論の主張も、おそらくはそれが遠因でとん挫してきた面があると思います。直接身体を売らなくても、実質的に女性のセクシュアリティを売りにした接客サービスはどうしても存続してしまう。

橘木 いや、私は徐々になくなるんじゃないかと思っていますけれどもね。思想的な話ではなくて、単純に、遊興費を出せる会社なんかももうあんまりないということがありますよ。夜の街に個人的に頻繁に繰り出すなんてなかなかできません。

佐伯　そうすると、家に帰って夫婦、家族で過ごすというアングロサクソン的な文化が経済的要因からでてくる。まあ、これは怪我の功名とでもいうべき現象ですかね。でも、日本の妻は夫の在宅時間が増えると、かえって世話が増えて迷惑かもしれませんが。

橘木　佐伯さんにはそんなに楽観的には考えられませんか。

佐伯　個人的にはアングロサクソン文化的な夫婦関係がいいな、とは思うのですが、あくまでも個人的価値観で、日本社会全体の趨勢をみると、そういう方向には向かっていない気がしますね。異性と親密に接触したいという欲望の矛先は、男女を問わず、ヴァーチャルな世界での解消に向かっている。恋愛ゲームはいまや、男女ともに人気で、テレビのCMもうたれている。キャバクラとかに行くお金がない男性は、ゲームで擬似恋愛を楽しみ、若い女性も、恋愛に慣れていない草食男子と交際するよりは、恋愛ゲームにはしる。

橘木　どういうことですか。

佐伯　女の子を「攻略」していく擬似恋愛ゲームがあって、さまざまな「攻略」のポイントがあります。プレゼントや趣味の話、ドライブデートで好評価を得るとか、女の子によってアプローチを変えて、シミュレーションを楽しむゲームがたくさんあって、男性向けが主流でしたが、女性向けのものも増えてきて、乙女ゲームをテーマに卒論を書いた女子留学生もいました。

橘木　ゲーム上でやっているわけですね。それは誰にも害を与えないからいいんじゃないですか。

佐伯　そうは言えますが、現実の生殖には結びつかないですね。

橘木　なるほど、恋愛もしないし結婚もしないという人がさらに多くなるということですか。

佐伯　統計的にも、私はそんな印象を受けています。戦艦を美少女に擬人化した『艦コレ』というゲームもかなり人気のようですし。

橘木　要するに出生率が減っているのは、佐伯さんは恋愛ゲームがその要因の一旦を担っているとおっしゃりたいのですね。

さきほど女性向けのゲームも増えているとおっしゃっていたのでおうかがいしますが、これまでは男が銀座へいって女をはべらせていましたが、逆にホストクラブのような女性向けのものはどうなりますかね。成功したビジネスウーマンが若い男性のいるお店で遊ぶということは増えると思いますか。

佐伯　『夜王』というドラマ（二〇〇六年、TBS）が、まさにそこを描いていますが、ホストクラブの話で、経済的に成功した女性が遊びにきます。原作はヒット漫画ですから、そうした現象が台頭しているとは思いますが、男性がキャバクラなり銀座なりに行くのと同じように発展していくかというと、そこまでにはならないと思っています。逆に、「女子会」という用語が流行語として定着したように、女子は女子で男性がいない世界に閉じこもっていくのではないか。そもそも、かつてのヨン様ブームや、ずっと以前からあるジャニーズ人気は、性的な行為をともなわない擬似恋愛的要素を含んでいますから。

ヨン様ブームについては、ヨン様が目的というよりは、ファン・コミュニティーにおける女性同士のコミュニケーションの楽しみが目的だ、との研究がありますが、日本社会はますます、女子は女子、男子は男子でつるむ、ホモソーシャルなものに傾いてゆくように感じますね。女性同士、男性同士でいることが心地よいと感じる心性が、文化的に習慣化されていて、商業戦略もそれにシフトしているし、欧米型のヘテロ社会には永久にならず、そちらに落ち着いていくのではとみています。

橘木　反論しますけど、ヘテロの男女の愛を大切にするアングロサクソン文化圏で、近年、同性愛に関わる問題がクローズアップされています。同性同士の付き合いを好む日本ではそうした議論があまりされないのでしょうか。

佐伯　日本ではホモソーシャルな関係が社会的に認知されているから、直接的な性的関係をもたなくても、同性間のスキンシップが豊かであるために、ホモセクシュアルに類似する欲望が充足しているのではないでしょうか。

橘木　なるほど。最近、日本で言われるようになった草食系ということではないのですか。一方では肉食系女子がいる。

佐伯　草食男子が女性にむかわないというよりは、一対一のカップル文化か、グループ行動による充足かという違いもありそうですね。同性集団の一部でいることに充足する。そこに、肩をくんだり、腕をにぎったり一定のスキンシップも伴っている。

橘木 そういう社会の傾向をホモソーシャルというんですね。

佐伯 そうですね。海外の方が日本にいらっしゃると、男同士がお酒を飲んで肩をくんだり身体をさわりあったりしているのを見て、日本社会はとても同性愛にオープンな社会なんだという誤解をなさっていた時期がありました。しかし日本の慣習では、そこに恋愛感情は基本的には自覚されていないし、単に、そういう心身のコミュニケーションをしている、ということなんですね。「愛している」とか、言葉によるコミュニケーションが貧弱なかわりに、そういう身体的コミュニケーションで補っている。

橘木 いまは違うかもしれませんが、二、三〇年まえのアメリカでしたら、そうしたコミュニケーションをしていると同性愛的な関係だと思われたでしょうね。肉体的な接触をものすごく意味のあるものと考える。それは日本とは少し違うところですね、アングロサクソン文化圏は。

日本の家族と家計

佐伯 出産や育児の責任が一方的に女性の役割だと社会的に広まったのは、〝日本の伝統〟などではなくて、時代的には新しいのです。メディア学で雑誌調査をしていると、明治以降の女性雑誌による「良妻賢母」プロパガンダの影響の大きさがわかります。女性＝家庭という図式を〝日本の伝統〟であるかのように刷り込んだのが、明治の女性雑誌ですね。美術史家の加須屋誠さんの研究によれば、中世の図像では老人は子供とセットになって描かれていて、老人が子供をケアしている様子がみえる。中世の庶民女性は働いていますから、祖父母がケアしたのではないでしょうか。

橘木　生みの親がするのではなくて、たとえば乳母がしたりする。そういう制度が日本にはありましたね。これは日本の家族の変遷と関係がありますね。核家族化ということが起こったことで、祖父母と同居しなくなる。そうすると母親が出産と子育てを担うようになってしまった。

佐伯　明治以降の専業主婦志向は階級上昇の欲望によりますが、戦後には、家事が重労働だったものが、家電製品の発達でどんどん家事の肉体的な負担が減っていくので、余剰時間が出来てきて、子供へと労力の方向性が向いていく。

橘木　昔の女性はさまざまなことをやらされていた。家事もいまよりものすごくたいへんだった。時間がないですよ。さらに老親の介護もしないといけない。同居していますからね。子育てに使える時間は限られていたでしょう。それが、洗濯機や十分だとはいえないけれども介護サービスなども出てきて、子供に使う時間がより多く持てるようになった。この現象が女性の育児責任を大きくしたという予想はできるかもしれませんね。

佐伯　私たちの世代は、おしめが手洗いの時代から、全自動洗濯機が登場するという歴史的経過を目のあたりにしています。母親たちが、洗濯や掃除をどれほど大変な思いでこなしていたかを身をもって知っている。ですが今のように、凝ったお弁当が主婦の自慢になる、手作りグッズで主婦のサイドビジネスが成功するという現象は、家事労働の負担が減ったからこそ可能になる。

日本の女性が子供にかける情緒的、時間的な労力は、本当にすごいものがあります。キャラ弁なんて海外では想像もできないです。海外の女性研究者の方が、日本の母親はどうして、手作りの手提げカバンや弁当にこだわるのか。そんなことに労力をかけるなら、会話時間を増やすほうが家庭教育としていいのに、とおっしゃっていたのが印象に残っています。

橘木　そうした労力の発露の仕方でいえば、私は教育ママという現象を想いうかべますね。

子供が非行に走ったりとか、親の期待どおりの成長をしなかったときの責任というのはいまだに母親にもたされる印象があります。養育責任はどうして母親にかされるのでしょうか。

父親は息子の教育にはすごく関心があります。でも仕事が忙しすぎて子供の教育にあたらない母親は娘の教育に関心があるという非対称があると私は思っています。

佐伯　子供の教育は母親の責任だと決めつける言説は、まさに明治時代の良妻賢母主義に顕著にみられるものです。その擂り込みがものすごい。武士では男性中心ですから、子供の家庭教育はむしろ父親の責任だった。女なんぞにまかせられない、ということです。ところが、男性の主たる役割が家庭外での賃金労働になると、家庭教育は女性の責任へと変わっていく。これは皮肉なことですね。男女平等思想の影響で、女性の社会的能力が認められるかと思いきや、良質な家庭教育のためにこそ、女子教育が必要、となった。

橘木　おっしゃる通りです。ただし男尊女卑の思想が明治には残っていて、女はそんなに賢くならなくてもいい、自分の子供に文字と簡単な算数くらいを教えられたらいい、あとは父親が教える。

佐伯　『巨人の星』のスパルタ教育は、一種の専門教育ですものね（笑）。エリートになるための教育に、父親が担う家庭教育モデルが残っている。

橘木　まさに。野球で言えば、イチローなんかもまさにチチローと呼ばれた父親が一生懸命教えたんですよね。原辰徳なんかもそう。やはり父親は息子に対しては教育熱心なんでしょうね。

佐伯　逆説的ですよね。社会で成功するための能力を身につけさせる責任は父親に期待されているのに、女性に期待されるのは、家庭での技能や躾の部分であって、女としての分をわきまえるように教えられる。まあ、東大合格をめざすのは母親ですが。

橘木　韓国も子供の教育熱心で親が、留学や進学先のアメリカの学校にまでついていく。父親は韓国内で稼ぎ、母親は子供とともにアメリカに行くんです。

佐伯　そういう風潮は、儒教的な要因もあるのでしょうか。日本や韓国の話を聞いていると、夫婦別居しても子供に出世を望み、学歴をつけるというのは、夫婦関係より親子関係を重視する価値観のようにも思います。韓国に関してはダブルインカムはないのでしょうか。

橘木　あまり聞きませんね。韓国の場合は家庭に入ってというケースが多いと思います。

佐伯　韓国からのゼミ生と議論していたとき、確かに、父親は国内に残って、母親は子供につきっきりで一緒にアメリカなどに留学し、夫はお金だけ送るという。韓国にも、アングロサクソン的な意味での夫婦愛という発想は少ないのかもしれませんね。

橘木　そうですね。

佐伯　明治以降の日本の「良妻賢母」モデルの影響で、日本では、出産か仕事か、という二者択一の問題が、いまだメディアでも語られる。北欧のような社会では無意味になった二者択一が、日本では、出産が仕事のリスクのような語り方につながってしまうので、たいへん残念です。

橘木　ですから少子化が進むわけです。数字に如実に表れている。昔、DINKSという言葉が流行りましたね。ダブルインカムノーキッズです。共稼ぎで子供がいない。こういう夫婦関係が増えた時代があった。

佐伯　本も出ていましたが、一時の表層的なブームにすぎませんでしたね。

橘木　言われなくなったのは、女性の専業主婦志向が再び増えてきたことの証左かもしれませんね。リスクということをおっしゃったけれども、仕事、いわゆる経済活動を考えると、妊娠して産休をとって会社を休み出産して復帰するという女性よりも、妊娠を契機に会社を辞める人のほうがいまだに多数派ですね。これは社会にそうした女性を受け入れようという考えが浸透していないということです。もちろん、必要性は叫ばれていますよ。しかし企業がそこまで一生懸命やっていない。マタハラという言葉がある。最近の統計によると、非正規労働の女性のおよそ半分が、妊娠したらいろいろないやがらせを企業や上司から受けていると報告されています。子供をもちながら働き続けるという女性を日本社会全体ではまだ受け入れていないと言ってよいと思います。これは個人的にはまずいことだと思います。こう言うと「徐々に出産後に社会復帰する女性は増えているじゃないか」と反論されそうですね。たしかに増えてますよ。しかし、それは単純に労働力不足だからです。社会や企業がそういう女性を受け入れるようになったからではありません。少子化や団塊世代のリタイアで労働力が足りない。そうすると、労働力のソースは二つある。まずは子持ちの女性ですね。もうひとつは高齢者。この二つの層を労働力として使おうというのは、まさにいま政府がとっている方針ですよね。

佐伯　その実現が物理的に難しいところこそが問題です。企業が女性活用のための努力をしても、構造的にまず遠距離通勤があり、朝の通勤電車なんて非人間的な混雑で、妊婦さんは体がつぶされて乗れませんよ。長時間労働も解消されていない。ですから、一企業が努力をしても限界がある。労働環境そのものの改善を、日本全体でどうするか考えないといけませんね。

　福井県のジェンダー状況についての塚本利幸さんの研究によれば、福井県の男女共同参画は全国的に見てもよくて、それは、近代化がへたに進行しなかった、ガラパゴスみたいなところだから、というのですね。なまじ近代化が進んだ都市部では、明治以降、かえって男女の性別役割分業が促進された。私自身も、福井県に何度か講演にうかがった際、行政の担当者の方にも女性が多くて、結婚、出産もされている。通勤が自家用車ですからお腹が大きくなっても通えるし、職住近接だから子育て環境としては恵まれているのですね。

橘木　しかも車も夫婦でそれぞれ一台ずつ持っている。これによって北陸三県は自家用車の保有率が一番高いんです。

佐伯　それはジェンダー平等の実現と密接に関係していますね。

橘木　東京や大阪じゃ無理だよね。

佐伯　スペース的にも無理ですね。地域社会なら、車通勤で一緒に子供を乗せて出かけて、出勤途中で保育園に預けて、仕事が終わったら途中で子供をピックアップして帰宅する。職住近接の地域社会のほうが、仕事と子育ての両立にはいいんですよ。都市化してしまったことで、遠距離通勤も満員電車も増えて、ジェンダー平等の実現が難しくなっている。週末の講演会でアテンドしてくださった行政の方にも、小さなお子さんがいらっしゃったのですが、母親が週末に仕事で出かけると、都市部では夫も顔をしかめかねないですが、福井ではそんな雰囲気は少ないようで、お姑さんもこだわらず、ご夫婦も仲良く、すてきだな、と羨ましく思いました。

橘木　北陸三県に学ばないといけない、というのはおっしゃる通り。いま企業なんかでもそういうふうに言っているところありますよ。

佐伯　タクシードライバーの方でも都会は男性が多いですが、地方は女性のドライバーの方も多いですよね。お子さんはどうされているのですか、とうかがったら、「ころがしておきました」と天真爛漫におっしゃるのですが、むしろその方が、たくましいお子さんが育つのでは。ネグレクトとは違う賢さがあります。

橘木　おっしゃる通り。北陸三県は先端をいっていますね。北陸三県は女性の就労率だけでなく、子供の教育水準も高いんです。学力試験をやると秋田がナンバー1ですが、北陸三県はその次くらいにくる。ですからすごい県です。ジェンダー平等と子供の学力というのは関係している。

佐伯　親子関係に適度の距離があるから、子供の自立心も育つ。親子共依存にならないということなんでしょうね。明治以降の〝専業主婦＝良妻賢母〟という図式は、その意味でも万全でないことが実証されているし、手をかければいい子が育つというわけではない。

しかし、いまの北陸三県のお話しでは、この地域は高度経済成長期の恩恵を十分にうけられなかったからこそ、かえって緩やかな経済発展のなかで、ジェンダー平等が実現された。明治前半くらいまでの共働きスタイルが、良い意味で維持されたといえるわけですね。

橘木　いい指摘です。東京のように大都市圏が経済的に潤いすぎて夫の所得が高くなった。そうすると妻は働かなくてもよくなった。ところが北陸三県は夫の所得がそこまで高くならなかった。だから女性も働かないといけなかった。そういうことですね。

佐伯　結果論ですが、そうすると高度経済成長期はすばらしい時代だったんだ、と経済学者として橘木さんが言われたことは、別の面からは正しくない、ともみることもできるのではないでしょうか。

橘木　ジェンダー平等という観点から言えば、そうですね。ワークライフバランスを考えたらそうですね。あんまり夫の収入が高いと、いびつな状況が生まれるんでしょうね。

佐伯　やっぱり収入の高すぎる夫はいりませんね（笑）。

橘木　反対に収入のない夫、つまり専業主夫ですが、これは将来増えるか。私は増えると思いますよ。男性だって、社会に出て必死に働くのはもういい、という人がいてもおかしくないでしょう。家事が好きだとか、料理が得意だとか、当然いてもいい。

佐伯　おっしゃる通りで、日本の男性は、よくこれほどストレスフルな状況に我慢して働いていると思いますよ。逆に、この大変な社会的責任を女性も担え、という男性が少ないのが不思議で仕方ない。以前にあるシンポジウムで女性史について話したら、男があくせく働いている間、妻は高級ランチを楽しんでいる、という男性からの意見がありましたが、夫たちは、なぜ反乱しないのか。

橘木　最近、イクメンという言葉がもてはやされていますが、まだ圧倒的に育児は女性が担っている。男性で育休をとっている人はほんの数パーセントです。イクメンはやや強調されすぎているように思いますね。ただこうした傾向は少しずつ進むと思います。フルタイムで働いている女性は増えていますから、その女性と結婚する男性も増える。そうすると女性だけ育児するというのはおかしい。そうなります。しかし、イクメンとは言うけども、家事全般を男性がやるまでにどうしていたらないのか。朝日新聞の記者から和光大学で教授になったジェンダー論の竹信三恵子さんが書いてますが、家事はしんどいんです。

佐伯　実際、生活に休みはありませんから、大変ですよ。それを女性に押しつけてきたわけですね。

橘木　竹信さんは家事ハラスメントと言っているね。やっぱり家事はたいへんだから男はやりたがらない。

佐伯　物理的に休みなしというだけではなくて、補助的労働と位置づけられがちなので、欧米ではエスニシティが異なる人に分担させる傾向がありますね。ハウスキーピングのような仕事の多くは、移民の方が担っている。

橘木　たいへん危険な言葉ですが、家事というものが低くみられているということですよね。

佐伯　本当は、人としての生活維持にとても重要な労働なのに、尊い労働と思われにくい。

橘木　家事をやりがいのあるものとするのは可能なのでしょうか？

佐伯　お弁当づくりのように完成度を求めれば、生きがいにはなるでしょうし、また、好きな人に対する愛情表現としてのやりがいは、日本女性としては否定できませんね。われながら、明治以降の刷り込みがきいているのでしょう。

橘木　なるほど。しかし私の論で言うとその感情は二〇年、三〇年も続かないからね（笑）。家事という労働は崇高なものであるというように考え方を変えることはできないのですかね。

佐伯　毎日毎日、完成度の高いごはんを作り続けるのは実際大変なので、妻のモチベーションを夫への愛、家族への愛として永続的に正当化するには、限界ありますよね。それは、女性から男性へという一方的ベクトルだから問題なので、夫に、「愛してるんなら、家事してね」という方向に発想転換すれば、男性にとっての家事も十分、崇高な愛情表現になりますよね。たとえば、「料理しますよ」というような男性の発言は、働く女性に「愛されている」という幸福感を与えると思います。

橘木　そういう関係性や考え方は出てきてもいいね。

佐伯　伊藤公雄さんが、男性の家事分担は負担とみられがちだけれど、僕は研究や執筆に行き詰まったら「家事に逃げる」とご講演の余談でおっしゃっていて、私も似ているので、すごく納得しました。実際にベルリンで親しくなったご夫婦の会社経営者の方は、「僕は料理しているときに良いアイデアが浮かぶし、いい気分転換なんだ」とおっしゃっていました。奥様は夫が夕食を作っている間、子供さんとリビングで遊んでいらっしゃいましたよ。家事を気分転換のひとつと発想転換すれば、男性も抵抗なくできるのではないですか。

橘木　私もそうならないといけないね。経済学的には家事は、お手伝いさんのように他人に賃金を払ってお願いすると経済活動になるんですよ。主婦や主夫がやると無償なので経済活動ではない。お手伝いさんにやってもらうと経済活動ですから経済は強くなる。主婦や主夫がやってしまうと賃金が発生しないので経済は弱くなる。だから、お手伝いさんに頼んだ方がいい。こんな説がありますね。

佐伯　確かに、家事というのは毎日やらないといけないから、いくら別の仕事の気分転換といっても、ちょっとやって済むものではない。継続的にはかなり重労働ですので、すべてでないにしろ、一部を業者の方にお金を払ってお願いすれば、小休止もできるし、経済活性化のためというお墨付きもあるのなら、自分でやるべきなのでは、といううしろめたさも払拭されますね。ただ、そのためには十分な収入が必要になりますので、かえって働きすぎるという悪循環にならないようにしないといけませんが。

橘木　家事だけでなく、介護もそうです。これも外注すると経済活動になる。自分の親の介護を自分がやるときと、他人に介護を頼むとそこには支払義務が発生することはわかるでしょう。

佐伯　そういう話を聞いて、自分ですべて背負わなくてもいい、と気が楽になる女性は多いのではないでしょうか。冗談のようですが、いっそのこと、世帯収入が多い家庭は家事を外注しなくてはいけないという法律をつくれば、経済活動にもなるし、さらに雇用機会も増えるということですね。とはいえ、それは格差意識にもつながりかねないので、慎重にバランスをとって、社会全体で仕事とケアを分担する。

橘木　でもそれはいいアイデアかもしれませんね。

いったい何が問題なのか

橘木　佐伯さんとの討論もそろそろ佳境ですね。さまざまに出てきた話題をまとめながら結論に近づけていきたいと思います。

さて、これまでいろんな話が出ましたが、大きく分けると論点としては三つあると思います。まず、明治維新、つぎに高度経済成長期、さいごにこれはぼんやりとした論点ですがジェンダー間の格差というものと経済的な所得とが生活の仕方に大きくかかわっているということです。この最後の点を突きつめていくと、道徳観や不思議な社会関係の要因が何なのか前の二つの点と歴史的には呼応するかたちでわかってくるのではないか。

格差社会と呼ばれはじめているいま、その点はきちんと考える必要がある。アクチュアルな問題に迫っていく、まさにこの対談の核心に迫っていきたい。まず、ここまでの話で出た点を整理する意味もこめて、少し各論から総論へと議論をシフトさせていきたいと思います。私は経済的な視点からのまとめになります。

佐伯さんとお話しながら、一五〇年あまりに日本の社会の歴史を振り返ってきました。そうすると格差という問題で言いますと、戦前の日本というのは非常に格差の大きな社会であったといえると思います。超格差社会と言っても過言ではない。これは話題になったピケティも、戦前の日本はヨーロッパやアメリカの戦前よりも格差が大きかったということを言っています。私の認識も同じです。面白いのは戦争でその状況がガラッと変わったということです。この点は強調したい。GHQが登場します。まず農地解放をやる。つぎに財閥解体。さらに男女平等や教育改革、民主制。私が考えるにこれは世界でも例のない画期的な改革です。なぜこのようなことができたのか。それは端的に言えば外圧があったからです。日本人自身ではできなかったでしょう。戦争に負けたからできた。戦後の三〇年くらいはGHQ改革のいい部分が生きた平等性の高い国だったといえる。しかし一九八〇年代くらいから少しずつ戦前の社会の特殊部分というのが少しずつあらわれてきて、いま再び格差が出現している。

ジェンダーに関して言えば、戦前はジェンダーという意識すらなかった。佐伯さんに怒られてしまうかもしれませんが……。

佐伯　いやいや、確かに用語はありませんでした。ただ、明治期の女性解放論は、実質的な問題意識のめばえととることもできますね。

橘木　戦前は格差といったら「家」すなわち家計における格差であって、家計の中心にいるのは夫なわけです。妻というのはほとんど出番がなかった。昔の階層研究というのは家の比較であった。もう少しはっきり言えば夫がどういう状況にいるかということであって、妻は関係がなかった。ですから格差について考えるときに女性の出番はほとんどなかったわけです。

ところが戦後になってフェミニズムに代表されるような運動が出てきた。女性の側からそうした戦前の意識に疑義が呈された。女性の役割や社会的立場について議論しろという要請が出てきた。やっといまになって格差というのは個々の人間の格差だ、つまり個人のあいだの比較だという意識が登場する。そのあとの格差問題なわけです。この個人のあいだの比較による、という意識が高まってきたことの大きな要因のひとつは、女性の経済力が高まってきたことにあると思います。

道徳観に絡めていえば、家父長制というシステムが戦後崩壊しはじめ、いままさに家制度とは何かという問題に直面しているのだともあわせて私は考えています。

佐伯　私は、欧米型のジェンダー平等は、階級社会であることや、エスニシティの違いに基づく格差を暗に温存しているからだとみています。日本とはまた違った、本音と建て前のようなものがある。同じ階級や同じエスニシティのなかの男女であれば、平等の実現をめざすけれど、欧米人の視点から格下に位置づけるエスニックな「他者」が社会の内部に存在しているからこそ、女性に対しては差別しなくてすむ。

でも、日本社会は最初の話題にもあったように、階級流動性が高いし、明治の〝国民皆擬似士族化〟が戦後、高度成長期の一億総中流化につながったので、階級的他者に対する優越意識でストレス発散する余地が少ない。どこかに自己の優位を確認する「他者」をみいだして、精神的に安定したいという気持ちを人間は誰でもかかえていて、それが日本の場合は、どうしても女性にむかってしまうのではないでしょうか。欧米なら、低賃金労働をエスニックな他者にわりふるものが、日本では女性にわりふる。しかし日本では女性間で〝ママ・カースト化〟する。

社会階層と経済格差のリンクは、橘木さんがおっしゃったような農地改革や財閥解体などによって劇的になくなった。しかし一方で、欧米のようにエスニシティに由来する低賃金労働のわりふりをしないかわりに、女性労働を無賃金あるいは低賃金労働へと押しこむことで、代替してきたのではないですか。高度経済成長という表面的にはたいへん華やかな豊かさがある背景に、女性の「シャドウワーク」があった。このことがずっと隠されて、女性の間でも十分に問題共有されずにきたということが、現在のさまざまな社会問題を生んでいるのではないかと思うのですが。

橘木　私はその点に関しては少し見方が違います。戦後の男女間格差を考えた場合は二極なんです。一極は夫が高い所得を得ている妻は専業主婦でよかったわけです。女性の低賃金なんてそういう人にとっては問題にならなかった。夫が高い所得をもらっていれば、気にならずに幸せな人生を送れていた。しかしもう一極で女性で労働している人は佐伯さんがおっしゃるように女性の賃金は非常に抑えられていた。彼女たちはたいへん苦しんでいた。

佐伯　それは大事な点ですね。社会の主流的価値観やメディアの言説は、どうしても高所得の男性モデルで形成されますから、低所得の女性たちの声をくみとりにくかった。でも、現在はその声がやっと表面化してきた。そもそも、夫の所得さえ高ければ一生安泰であるという人生モデルは、夫との死別や離別がゼロではないことを考慮すれば、非常にリスキーですよね。

橘木　それは現在になってから言われるけれども、三〇年前、四〇年前はかなりの女性がいい旦那を見つけて郊外の一軒家に住むのを夢見たわけです。これは言い過ぎですか。

佐伯　高度成長期のマジョリティの幸福感は確かにそうです。ただ、確率は低いかもしれませんが、男性であれ女性であれ、一人の人物の稼ぎがすべての家計をカバーする〝一人稼ぎ手モデル〟ですと、その稼ぎ手が何等かの理由で働けなくなった場合のリスク管理としてはどうでしょう。

橘木　昔は生命保険というのが非常にポピュラーだった。生命保険会社が、ご主人に何かあったらたいへんですよと、専業主婦に生命保険を進めていたんです。そういうリスクヘッジをやっていたんです。ですから、三〇年前は生命保険加入率も高かったんです。稼ぎ手の夫が亡くなったらそれは佐伯さんの言うとおりたいへんです。ですから日本ではそうしたリスクを回避するための生命保険が発達したんです。世界一の普及率でした。

佐伯　なるほど、よくできていますね。つまり、「オンリーユー・フォーエヴァー」の生計モデルですね。

橘木　そういう仕組みもあったから、リスキーな結婚生活に入ったわけです。生活保障はちゃんとしている。一時払いの生命保険は日本が世界一加入率が高かった。

佐伯　でも、それで本当に一生をカバーできるのでしょうか。余生をその保険金で過ごせるのか。

橘木　一部カバーできない人もいたかもしれませんけどね。

佐伯　いまはどうですか。

橘木　いまは女性も働いてますよね。専業主婦は少なくなってきた。ですから、保険会社はいま困っているんじゃないですか。新しい商品の開発を一生懸命考えている。で、何を思いついたかというと介護の保険です。将来、介護が必要になったときのための保険ですね。

佐伯　高度経済成長期には、少なくとも経済的な安定という視点から見たときには、女性は賃金労働せずに専業主婦として生命保険に加入していたほうがベターだったということですか。いろんな社会の安定モデルがあるとしたら、欧米型モデルではないけれども、日本型安定モデルが機能していた時期があったということですね？

橘木　欧米に関しては調べてませんが、欧米でも専業主婦が多い時期というのはありましたから近似の保険はあったんじゃないでしょうか。人間、考えることは同じですから。

佐伯　妻が亡くなったときには？

橘木　妻が亡くなっても夫は働き続けるわけですから、ほとんど生命保険というのはないでしょうね。ひどい言い方をすれば、代わりに別の女性を妻にすればいい。

佐伯　それは前に橘木さんがおっしゃったことと完全に符合しますね。

　社会全体の経済モデルが終身雇用・年功序列賃金で、さらにそれを前提とした結婚とその保証としての生命保険のオプションで、日本型の安定モデルができあがる。経済成長が右肩下がりになってくると、これが崩れる。大きな社会や経済の枠組みが、いかに個人個人の価値観や幸福感にダイレクトにかかわってくるかというのがよく分かりますね。

橘木　最近の話に戻すと若い女性の一部に専業主婦志向がまた盛り上がっていますよね。これが私にはよく分からない。どうしてなんですか？

佐伯　日本は働きにくいからでしょう。長時間労働・遠距離通勤・残業と、ワークライフバランスはいつまでも改善されませんし、家庭内離婚の既婚者や、出世志向の既婚者も働きたがりますから、モデルになりにくい。働く女性間の価値観の相違やコミニケーションギャップも深刻ですから、こんなたいへんな思いをして働くのは損な選択と、若い世代にも思われてしまう。

橘木　大学生の女性はまだ働いたことないわけですから、そうした働いたときの実感というのは分からないんじゃないんですか。

佐伯　それはそうですね。確かに、社会で働いた経験がない若い世代では、男女とわず、不平等だと感じたことはない、という人もいますね。

橘木　いまの大学院生の世代は、小学校から教育の現場において激しい差別を感じることはなかったのではないかと思います。ですから私が言いたかったのは、どうしていまの若い女性たちは以前よりも差別のない社会で育ってきたのに、社会にでたら差別を受けると感じるのか、これが不思議なんです。

　あるいは、自分の母親を見ているからではないでしょうか。正規雇用にしろパートにしろ、やはりそういう労働の現場にいかに母親がたいへんな苦労をしているか、それを見ているからとは考えられるかもしれない。

女性が一番差別を感じるのは、大学生だと就活のときに「総合職」と「一般職」の違いに接したときだと言いますね。これが将来、社会のなかで私は差別されるのだろうと実感する第一歩のようです。

佐伯 ある商社の方のお話で重要だと思ったのは、総合職に積極的に女性を採用しようとした時期があって、優秀なので海外にもどんどん出してチャンスを与えたにもかかわらず、日本に帰ってくるとさっさと辞めてしまう。なので、結局、女性を登用しようとしても期待を裏切られるとなった。「僕らは、努力はしたんだ」とおっしゃっていました。女性側も、期待されるだけ、働き続ける責任感はもってほしいですね。

橘木 それは私は女性の味方をしたいね。だって、そうして男と同じようにバリバリ働けというのは、結婚して子供産んであるいは親の介護もという要請をうける立場では無理ですよ。

佐伯 そこは、私もまったく同感ですね。戻った労働環境が過酷だったのかとも思いますし、うわべだけ女性登用の努力をしても成果がでないので、社会や組織の根本的な仕組から変えていかないと、いつまで経ってもこの状況は改善されません。いわゆる女子アナは、保安的慣習の象徴ではないかと思っています。「女性アナウンサー三〇歳定年説」なんていうとんでもない言い回しは、年齢差別も甚だしいですが、若いうちに早朝から深夜までこき使われれば、いくら経験をつむためといっても、結婚退職してフリーでほどほどに働こう、となる気持ちもうなずける。

橘木 皮肉を言えば、そういう状況ならば、年収の高いプロ野球の選手なんかと結婚するのも仕方がないわけだ。野球選手と女子アナの結婚というのは多い組合せです。

佐伯　そうとも言えますね。それは、日本の多くの女性が暗に抱いている理想のライフ・コースなんだと思います。数億稼ぐプロ野球選手の妻にはなれないとしても、日本社会で女性が一生、継続的に生計労働をするのも大変なわけだから、まずは安定収入のある夫をつかまえて結婚し、生活基盤を確保して、しんどい労働に区切りをつけて退職、出産する。子育てが一段落したら、ストレスがひどくない範囲でほどほどに働く。現状、それが日本社会ではベストな選択と思われるので、専業主婦志向の高まりが起こるのです。

ちなみに、さきほど橘木さんがおっしゃった高度経済成長期型の生命保険というのは、いまどのくらい残っているのでしょうか？

橘木　夫が死んだときの一時給付の生命保険の契約高は減っています。生命保険会社は困ってますね。ですから、老後の資金や病気になったときの医療給付のための保険をいろいろ開発しているわけですね。昔型の生命保険では生命保険会社もやっていけなくなっているということです。

佐伯　夫が死んだときのための生命保険の契約高が減っているということは、女性の労働市場への参入が増えているという理解もできますか。あるいはシングル化の影響ですか。

橘木　そういうことはほぼ確実に言えるかもしれませんね。ただ専業主婦志向の女性が増えれば、またそうした保険のニーズは増えるかもしれない。

そもそも昔の専業主婦志向の女性と、いまの専業主婦志向の女性は違うように思うのですが。

というのは、昔の専業主婦の女性は選択肢がそれしかなかった。家庭に入った後、夫の稼ぎで生活する。そうすると結婚生活を続けるか、それとも離婚するか、という選択の余地もまったくない。しかし、いまの専業主婦志向の人たちはおそらく離婚という選択肢を持っています。しかもあえて言えばいま専業主婦に「なれる」というのは、その女性が「資本」を持っているということですよね。そういう女性に関して言えば、以前の状況とまったく違う。なぜなら結婚して理想と違っていたら離婚すればいいわけです。そして次の相手を探せばいい。そうすると怒られそうですが、いまの専業主婦の女性は、かつての専業主婦と違って相手に縛られているわけではないという側面もあるように思うのですが……。

男性も同じだと思うけど、結婚するときに相手と四〇年も五〇年も一緒にいると思っているわけではない。

佐伯　いや、それはひどいですね。

橘木　言い方が悪かった。「いたい」とは思っていると思いますが、絶対にいなくてはならないとは思ってないと思いますよ。

佐伯　一人の配偶者との永遠の愛、という理想は、「オンリーユー・フォーエヴァー症候群」といわれて、少女漫画世代の私たちは、それを内在化しがちですが、私たちよりも下の世代の女性にはあてはまらないかもしれませんね。結婚のやりなおしに対する抵抗感のなさはあると思いますね。

橘木　ずっと添い遂げられる相手と結婚したいと思ってはいる。でも、いまの人たちはそれが「理想」であり非常に難しいということを知っている。だから結婚に踏み切れないのでしょう。もうひとつ重要なことは稼ぐ能力のある女性に必ずしも結婚願望があるとは限らない。これもいまの女性とむかしの女性の違いではないかと思いますね。自分の能力に自信のある人は男に頼らなくてもいいと考えている。前に佐伯さんもお話なさっていましたが、年下の男性で経済力がなくてもその人がいいと思えば、自分が経済的な面はやればいいという考え方もヴァリエーションとしては少数派でもあります。

佐伯　たしかに、経済力のある女性が増えてはいても、男性の経済力に依存したいと思う女性が減っているわけではないですね。テレビのバラエティ番組で女子高校生に、「結婚する相手はどんな人がいいか」とインタビューをしていたら、「おじさんがいい」と答えている人が多かったんですね。理由は「頼れる」から、と。雑誌のアンケート結果でも、自分たちと同じ若い世代の男性は頼りがいがない、という類似の結果が出ていて、最初は意外だったのですが、経済的に一人でやっていける状況でも、恋人はおじさんがいいと言う。もちろん、おじさん視点の編集のバイアスも考慮しないといけないので（笑）、メディアの意見が若い女性の実態の反映だと一概には言いきれませんが。

一方で、やはりテレビ番組で有名私大の男子学生に、「どういう女性がタイプですか」と聞くと、異口同音に「年上の女性」と答えていた。まあこれも、平日午前の情報番組だったので、熟女オーディエンス向けのバイアスがなかったとは言い切れませんが（笑）。

橘木　男性も女性も若い人は頼れる人を求めている時代なんですね。

佐伯　自衛隊員の男性がいま女性に人気があるというのも、同じ雰囲気でしょうね。

橘木　体力はあるし、守ってくれそうだし、頼りがいはある。安定志向の欲求も満たせる。自衛隊や警察官はそういう意味ではうってつけというわけですか。新しい傾向ですね。

第4章　日本社会の可能性をさぐって——真のジェンダー平等と自由な社会

これまでの日本、これからの日本

橘木　格差社会のいまというのをいろいろと考えてきました。ピケティがブームになり、来日もして格差問題が議論されるようになってきました。世界の資本主義国はすべて格差が拡大しているといっても、政治家によっては格差は広がっていないと明確に主張する人もいますね。貧困率が日本は増えているというのは確かです。一二パーセントから一六パーセントに増えている。もともと一二パーセントの高い貧困率だったんだから、たかだか四パーセントポイント上がったところで大したことではないという意見を主張した政治家がいました。まったくの暴論ですね。元大臣ですが、こういうことをいう政治家もいるのかと、思いました。

貧困率が一六パーセントという統計は国民生活基礎調査というものがもとになっている。あるいは所得再分配調査といってもいいですが。これは厚生労働省が所轄の統計です。厚生労働省には民生委員がいます。彼らやあるいは福祉関係者がこの調査をしている。このことから、これも別の政治家ですが、そういう福祉関係者が調査しているから所得が低い人たちに調査が偏っている、と主張している政治家がいます。だから、実態よりも高い貧困率が出ている可能性があるということです。政府が学問的な標本調査の基準に基づいて調査を行っているので、標本に偏りはないはずです。さらに、この一六パーセントというのはOECDという国際機関が日本の統計を信じて出している数字なので、私は国際機関がそういう報告を出している以上、日本政府はそれを認めるべきだと思います。

先に挙げた二人の政治家に代表されるように、日本の格差社会は誇張され過ぎているという反応や主張があります。政府の立場からするとやはり格差があると強調されるのは嫌なんですね。安倍政権はいま成長戦略とかいってやってますから、そういうときに格差といわれるのは面白くないので、無視するか、統計が危ないといった主張をしてかわそうとしている。ですから、安倍首相の施政方針演説では「格差」という言葉はほとんど出てこない。

佐伯　一六パーセントの世代別の内訳はわかるのですか？

橘木　一番多いのは老齢層です。単身の高齢者、それも女性です。

佐伯　確かに、たとえば母子世帯の貧困については学生も関心をもっていて、メディアの扱いを調べている女子大学院生もありますので、格差社会における女性の立場は深刻ですね。

橘木　夫を亡くして一人で住んでいる高齢の女性が圧倒的に多い。それから母子家庭。母子家庭の約半分は貧困です。それから一部の若者です。職のない非正規のアルバイトなどですね。この三つが貧困層の代表です。この人たちが格差で苦しんでいる。

それからもうひとつ重要なことがあります。性別に関しては、フルタイムで働いている正規労働者の男女間においては格差は縮小しています。これは確かです。男女雇用機会均等法や差別撤廃の運動などが政府のなかでもありましたので、こういう状況になってます。ここだけ見ればいい傾向です。が、女性の約半分は非正規で働いていますから、非正規の人を含めると必ずしも男女の格差が縮小しているとは言えません。非正規の人の賃金はいまだに低いです。女性全体を考えると男性より賃金は低いと思います。

佐伯　全体でみると賃金格差は広がっているんですか？

橘木　そうです。ちなみに所得には二つあります。課税前所得と課税後所得です。課税前所得というのはものすごく格差が拡大しています。課税すると高い所得の人からより税金をとりますから、格差はすこし少なくなる。その課税後所得に関しても徐々に格差拡大がある傾向にあります。ただし、アメリカやイギリスほどの格差拡大ではありません。

そうは言ってもね、いま生活保護受給者は二〇〇万人を超えているんですよ。戦争直後に生活保護を受けていた人とほとんど同じ人数です。

佐伯　それは大変な数字ですね。政府がいま格差縮小のためにやろうとしている経済政策は具体的にどういうことなのですか？

橘木　安倍政権は基本的にトリクルダウン・セオリーです。滴が上から下へ落ちるように、まず中央の大企業が潤って、それからその下請けの中小企業も潤うだろうという理屈ですね。格差縮小はまずは大企業が潤うことが重要なんだ、ということですね。しかし、トリクルダウンが成功した例は世界で見てもほとんどないです。いい例が中国ですね。以前にもお話しました中国に鄧小平という人がいましたね。彼は先富論という議論を展開しました。これはまさにトリクルダウンです。

佐伯　都市をまず富ませれば、地方も続いて豊かになるということですよね。

橘木　まさにそうです。しかし、結果を見れば明らかなように中国はいまやアメリカ以上の格差社会です。

佐伯　経済を活性化させるための具体的施策として、孫に贈与すると税を安くするという案もある。これはまさに格差を拡大する政策ですよね。

橘木　おっしゃるとおり。矛盾しているんですよ。いまの安倍政権は格差の固定化はいけない、と言っています。親が豊かだったら、子供も豊か、その逆もまた然り。こういう社会はやめましょう、ということですね。しかし、いま佐伯さんがおっしゃったように祖父母で財産がある人が孫に教育費などを提供した場合は、相続税が免除なんです。

佐伯　祖父母が裕福な家の孫であれば、経済的に裕福で塾に行く費用も出て、学歴的にも恵まれる可能性が高まるわけですよね。おそろしい話です。新しい階層ができあがることを促進するような政策ですね。

橘木　佐伯さんのご意見のとおりです。格差の固定化を促す制度です。

佐伯　ジェンダーの観点から言っても、大きな問題だと思います。若いうちに結婚しても子供がないご夫婦もいらっしゃいますし、子供がほしいのにできなかったカップルに対しては、精神的にも制度的にも偏見を植え付ける残酷な制度だと思います。

たとえば、祖父母がいてその子供にAさんとBさんがいたとします。Aさんには子供、つまり、祖父母からみて孫がいる。一方のBさんには子供がいない。この場合は、Bさんが一方的に損をする構造になる。しかも往々にして、A夫婦さんよりもBさん夫婦のほうが親孝行だったりするんですよね。子供がいる夫婦は、「私は自分の子供のことで手一杯なんだから」と親から逃げて、子供がいない夫婦に親のケアを押しつけることもあります。それなのに、いざとなると子供がいる夫婦のほうが財産的に優遇されるというのは、人道的におかしな話です。

以前、偶然にも、京都のあるレストランでお隣の女性客のお話しがきこえたのですが、できすぎているようですが本当の話です。その女性は「私ら、真ん中の妹が大嫌いやねん」と激しい口調でお友達にぐちっていらっしゃるのですね。真ん中の妹は結婚して子供がいて、何かというと実家に帰ってきて、お惣菜やおこづかいをもって帰る。実家のことは何もしないので、実家に残っている姉妹が文句をいうと、「私は新しい家族があるんやから」と実家の用事から逃げまくる、というのですね。幸い、私の妹は母のケアでも協力しあえるのですが、その姉妹のような理不尽は恐らく、あちこちで起こっていると思いますよ。

家族の多様性に逆行するような経済政策について、政府内で誰も反対しなかったというのは信じられないことです。

橘木　一点だけ擁護すると、相続税率が少し上がったんです。基礎控除の額を上げて多くの人から相続税をとるようにした。これは私も賛成です。しかし、これだけだと増税です。増税はみんな嫌がりますから、孫への相続税は免除するということをやった。

佐伯　なるほど。ただ、個人のライフスタイルや家族の多様性が進行している社会のトレンドや現実に対して、あまりにも鈍感な制度だと思います。

橘木　そこまでの議論はされていないでしょうね。

佐伯　それをしないというのがかなり問題です。するのが政府の仕事のはずですが。

この話は同性愛も関係してきますが、映画にもなっている『おこげ』（中島丈博）という小説で、主人公のゲイ男性が母親のケアをかいがいしくつとめる。結婚している女きょうだいは、主人公がシングルであるのをいいことに、彼に親のケアを丸なげして、介護が始まるまではゲイに偏見を抱いていたくせに、介護が始まってからは、「剛がゲイでよかったわね」などというのですね。小説でも、シングルのゲイ男性は親の介護を引き受けがち、と書かれています。同性間であれ異性間であれ、制度的に結婚していなかったり、子供がいなかったりすると、育児が無い分、ヒマでしょ、などという偏見被害にさらされます。実際の個人の人生は多様で、子育てを実家の母に依存して、あまり家事育児をしていない母親もありますし、日本の昭和期の有識女性の多くはこれでしのいできたので、後の世代に対して真剣に制度設計を考えてくれなかったことのツケがきている。介護は通常、女性ジェンダーの問題として取り扱われがちですが、同性愛カップルなど、多様なライフスタイルやパートナーシップを考えなければいけません。

橘木 佐伯さんの話を税制論的に解釈すれば、親の介護をきちんとやった人には相続税を優遇するという条文を盛り込む必要があるということですね。そうすれば解決できるかもしれませんね。

佐伯 政府が打ち出す施策はどうしても、規範的ライフスタイルを提示してそれを基盤にしようとしますね。社会のスタンダード、いわゆる〝まっとうな生き方〟とされるスタイルを経済的に優遇することで、結果として画一的な人生モデルを提示してしまう。それが価値の固定化につながります。「早く孫の顔がみたい」という親のために結婚、出産する、という考え方もありますが、打算的な家族なら、「孫がいないと税金がかかるんだから、早く結婚しろ」という考え方も生じかねない。それが日本社会のマジョリティの価値観になるとすれば、こわいですよね。

橘木 たしかに、そういう点はありますね。政府の狙いとしては祖父母のいわゆるタンス貯金を世に出して、若年層に資金をまわすという意図もあるでしょうね。家族間で支え合えと。そのためにそういうパイプをつくっておくよ、と。そういう魂胆はあるでしょう。

佐伯 なるほど。しかし、それはかなり固定的な家族モデルを押し付けていますよね。専業主婦志向の女性が増えているという話ともリンクしていると思いますが、近代家族は変容し、相対化されていると、落合恵美子さんや牟田和恵さんが繰り返し説いてきたにも拘らず、近代家族モデルを規範的な家族モデルとして、新たな経済政策を構築している。明らかにバックラッシュ的で、人徳がなくてもそういう規範家族モデルに形式的にはまっている人たちの傲慢が助長されるだけで、本当にくらしやすい社会になるとは思えない。

橘木　家族モデルの固定という話を聞いて思いつきましたが、相続は別に実子でなくてもいい。養子でもいい。養子だって相続はできる。だから子供を必ずしも作らなくてはならないということではないというちょっと強引な主張はできる。とはいえ、そのときには実子がほかにいる場合はもめごとになるでしょうけどね。

佐伯　子供がいない人は養子をとればいいということですか。

橘木　養子というのは非常に面白い。明治時代は養子だらけですね。

佐伯　ええ。

橘木　有名な人もほとんど養子です。優秀な子供なんだけど家にお金がない。そうすると養子に出すわけです。当時は子供がたくさんいましたから、養子には容易に出せましたからね。

佐伯　明治文学にも養子はしばしば登場していて、明治の男子は家が貧しくても、帝大にいける学力があれば、幼少期から裕福な家の養子に入ってその家の娘婿にする、というパターンが描かれます。

橘木　まさに首相を務めた浜口雄幸なんかはそうですね。

佐伯　明治の流行小説の『魔風恋風』（明治三六、一九〇三年）の主人公もそうで、そうなると養子の男子に自由恋愛や自由結婚はできない。その点、男子にとっては抑圧的な慣習で、女性は容姿を売り、男子は才能を売る。人間の存在が、経済的な価値に換算されて取引されますよね。

橘木 いや財産もあるんじゃないですか。娘の親の財産。これは武器じゃないですか。

佐伯 なるほど。藤原摂関家みたいな話ですね。

性役割分業は変わるのか

佐伯 ヒモという言葉がありますが、これも日本社会特有の概念ですね。欧米の市民生活をみていて、夫が家事を普通にこなしているのは、こういう表現による偏見がないからですが、この用語が存在している限りは、日本男性の主夫化は促進されにくいと思います。一方で、男性が家事をしても〝男らしさ〟の侵害にはあたらないという考え方もだんだんと浸透してきているとは思いますので、ヒモが死語になる時代はもうすぐくるかもしれませんね。

橘木 「髪結いの亭主」という言葉も日本語のなかにありますね。ごく一部にはけっこう昔からあった概念なんだろうと思います。社会もそういう人を排除していたような雰囲気はなかったのではと思います。これからの時代では、男でも生産労働はしません、しっかり家事や育児をしたい、という人が出てきても不思議じゃない。それを望む人があらわれてもいいと思いますけど。

佐伯　家事も育児もせずに経済的に女性に依存している男性をヒモと呼ぶわけで、家事育児を担当する専業主夫とはまったく別なのに、いっしょくたにされている。

橘木　なるほど。それだったら、身勝手ですね。これはもうぐうたらというしかない。そういう男はダメですね。家事育児をきちんとやりたいということであれば、そして、それがパートナーと同意していればいい。そうすると、いわゆる男性のシングルインカムで家族を養うというモデルのまさに逆のパターンですね。女性のシングルインカムで家族を養う。そうすると必然的に女性の収入は多くなっていくことが状況としては必要になる。いまの男女間の賃金格差では、そうした状況はかなりむずかしい。有能な女性がたくさんあらわれて、さらに社会で活躍する場が多くなれば、そうしたことも可能になると思います。

佐伯　ドラマの『アットホーム・ダッド』（二〇〇四年、ＫＴＶ）には、女性のシングルインカムで生活する夫婦が描かれていましたが、実際には五〇年くらいかかりますか。二世代くらいでしょうか。

橘木　これまで女性は専業主婦という選択肢しかない状況で専業主婦になった。そこから少し大胆に考えをいたらせると、これから先、男性のなかからも選択肢が専業主夫しかないという層が出現するようなことも想像できるのでしょうか？

佐伯　男性が家事や育児に従事して、女性が家庭の外で生産労働を担うという家族は留学先には普通にいらっしゃいました。これは幸福感や家族観ともかかわってくる問題ですが、以前にジェンダー関係の研究会でのドイツ人女性の発表で、ドイツでは夫婦に子供ができた際、より賃金が高い方が生産労働を続け、ないほうがあっさりやめて家庭に入るというフィールド・ワークの結果がありました。妻か夫かにこだわらず、収入が低いほうがやめるのは、合理的な判断です。

橘木　日本はそこまで行くにはもう少し時間がかかる。しかし、いずれはそうした状況になるでしょう。そうすると自ずからジェンダー観も変わるでしょう？

佐伯　橘木さんがおっしゃったように、フルタイム労働だと男女の賃金格差は少ない。フリーの仕事でも、花の二十四年組として知られる世代の漫画家さんの証言で、男性の漫画家と女性の漫画家では原稿料に差があるという話がありました。明らかな差別ですが、あえて社会的な理由をつければ、男性は家族を養う必要があるから原稿料が高く、女性はその必要がないという〝男性一人稼ぎ手モデル〟の前提で、女性差別的原稿料だったのだと思います。でも、その前提は今は通用しない。

橘木　非常に面白いことをおっしゃられた。経済学ではその賃金の与え方を生活給制度と言います。その人が生活していくのにどのくらいお金がいるかというのを計算して給料を与える方法ですね。そういう考え方をすると、男にはたくさん必要、女は夫の稼ぎがあるからそんなにいらない、というようなことになるわけです。

佐伯　それは女性の労働を促進しませんよね。

橘木　おっしゃるとおりです。ただし、女性の稼ぎが多くなって女性が稼ぐのが当たり前になれば、生活給の考え方であっても男性より女性の賃金が多くなることは起こりますよ。

佐伯　それこそ政府が主導して考えるべきなのではないかと思いますけどね。妻がパート等で働いて収入が「一〇三万円の壁」をこえると、夫の配偶者控除が使えなくなるので、問題があればそれ以下の金額で働くようにと促しているネット情報もあります。「壁」という表現が象徴的で、なくそうという意見や議論はありますが、これは男性が専業主夫になった場合も同じように適用されるのでしょうか？

橘木　されます。扶養されているかどうかなので。私の知り合いに女性が働いていて、男性は大学院生という人がいましたがこの場合は男性が女性の扶養家族なのでこの男性には適用されます。この点はジェンダー差はありません。ただ、この夫婦の場合はご両親に嫌がられたようですが。

佐伯　どちらのご両親ですか？

橘木　男性も女性も両方のようです。

佐伯　嫌がる必要もないのにね。夫が稼ぐようになったら、返してもらえばいいじゃないですか。息子さんにも、その方が励みになるのでは。

橘木　面白い話をしますとね、私がアメリカに留学しているときには、夫が博士課程で勉強していて妻が働いてその夫を支えるというのをよく見ました。Ph.D は push husband to degree の訳だと言われていましたよ。しかし、それが二〇年、三〇年後にどうなったか。みんなほとんど離婚した。面白いといっては失礼ですが、あれだけ献身的にサポートしてきた妻を夫は博士号をとったらもう用済みだと言ったわけです。そんなカップルは本当にたくさんいました。

佐伯　それはいかがなものでしょうか。明治の新聞記事に、文字通りの髪結の亭主が妻に支えられて弁護士になった美談が掲載されていますが、日本ではむしろ、身近にも、ずっと添い遂げている方を昭和世代の研究者の方でもよく耳にしますよ。糟糠の妻という表現がありますが、日本式にいえばバチあたりな話ですね。

橘木　まったく勝手な話です。それを見ていて、本当に男はひどいな、と思いましたよ。

これから日本はどうすればいいのか

橘木　女性が再生産労働に従事して、男性が生産労働に従事するという構図は徐々に解体していくのではないかと思います。

佐伯　イクメンという単語が出てきましたが、それは男性の育児参加が特殊視されているからで、この言葉が死語になるまでくれば、橘木さんがおっしゃるような社会が実現するのでしょう。

橘木　いまはめずらしいからそういう言葉が使われる。

佐伯　そうですね。

橘木　そういう社会になるためには二世代くらいかかるということですが、それを促進したり、さらによりよくしたりするためにはどういう方法があるでしょうか。

自分の属している組織に忠誠を誓うようなことが価値があると日本においては見られていたわけです。しかし、もっと大事なことは自分がどういう生き方を選ぶのかということだとするならば、組織のことを第一に考えるのではなくて、自分はどういう人生を送りたいのかを見出したら、それに忠実に生きる。こういうことなのではないでしょうか。極論してしまえば、経済成長はもうあきらめていいのではないか。日本人はそこそこ豊かになった、これ以上あくせくする必要はない。

佐伯　そのための制約はなるべく排除していくことにすればいいということですね？

橘木　そうです。

佐伯　格差の問題は格差の問題として残りませんか？

橘木　そうでしょうか。そこそこがんばる奴とそこそこさぼる奴だけになったら、格差は平準化されませんかね。そういう解釈はダメですか。もし格差関係が並行推移するようであれば、ピケティのように持っているところから持っていないところへ移せばいい。

佐伯　そういえばドイツで暮らしていて、ドイツ人は勤勉というイメージがありましたが、女性も男性も、そここそ働いているという実感があって、平日に父親が子供を連れて遊んでいる光景もよく目にしましたし、何か申し込んでも、担当者が二週間とか一か月休暇をとっているので進まない、ということがままありました。仕事は生活を支えるために仕方なくするけれど、プライベートにこそ幸せがあるという空気がありましたが、逆に労働を自己実現ととらえるのが日本です。

橘木　実に根強いね。ですから、私の意見は少数派ですよ。

佐伯　現在の政府は、女性が輝く、とか、女性活用、とかいった言い方をしていますが、それは、女性に対しても、労働市場への参画こそが自己実現、という価値観を植えつけかねませんね。女性活用の理由は、女性に自己実現の道をひらく、好きなことをさせる可能性を与える、と誤解されている風潮がありますが、本来は、女性も家計を担え、と考えるべきなんです。別に労働ばかりが自己実現じゃない。女性もうすうすそれを悟っているから、専業主婦志向が増えているのではないでしょうか。労働するのはたいへんなんです。

橘木　労働はたいへんですよ。ですから、労働はそこそこ頑張ればいいと私は思うわけです。

佐伯　欧米人がなんでそこそこにしか働かないかといえば、人間の幸福は労働ではなくて、家庭での愛にあるというキリスト教的価値観が無意識のうちにあるからです。でも、日本型の幸福感は、〝家庭を顧みずに労働で成果をあげる〟という〝プロジェクトX型〟。ただ、人が何を幸福と思うかということを、人に強要はできないので、それを改めろとは言いにくい。

橘木　要するに、人はそこそこでは満足できず、必死に働いて豪邸に住んで高級車に乗りたいと思うものだと。そして、それが日本人の労働観すなわち自己実現なのではないか、とこういうことですね。

佐伯　そうです。

橘木　それは分かります。その点は私だってそういう人がいてもいいとは思う。

あえて伺いますが、そこそこ派と必死派とどちらが日本人には多いと思いますか？

佐伯　日本では必死派が多いように思います。アメリカ社会の成功モデルにミリアネア志向のようなものがありますが、日本も影響をうけているのではないでしょうか。若い女性も、身近な人との愛ある日常生活の実現、という幸福モデルではなく、アイドルブームなどその典型ですが、メディアに出て有名になるのが幸せ、という達成感を持っている人が多いように感じます。

橘木　それは新しい指摘ですね。みんなの注目を浴びたいということですね。どうしてそういう人が増えたのでしょうか？

佐伯　自己承認欲求が強くなっているからじゃないですか。個性や自分らしさを伸ばす、とか、なんでもやればできる、という教育にも問題があるように思います。個性がある人、社会的に成功した人のほうが、価値があるという考え方がある。

橘木　私たちのときには「出る釘は打たれる」ですから、あまり目立たないように生きてきたけど、いまの若い人はそうではなくて「出る釘はどんどん出なさい」ということなんですよね。これはまったく新しい指摘ですね。

佐伯　自己承認欲求は文化によって違っていると思います。社会的に成功しているが、プライベートが不幸な人物と、逆に社会的に成功していないがプライベートが幸福な人物、これを対比したときに、おそらく欧米では後者に傾く。実際、アメリカの研究者のご夫婦で、研究者として優秀な夫が都市部の有名大学に誘われるのだが、奥様が自然豊かな田園に住みたいので、いわゆる田舎の大学にいる、という例もありまして、日本なら逆に夫婦別居になっても、妻が夫に、もっと都会の有名大学に行って〝出世〟しろ、というでしょうね。

日本の精神性で言えば、忠臣蔵が代表的ですが、家族を犠牲にしてまで頑張るということにすごい価値をおく。これがプロジェクトXにまでつながっている。家族は大切にするのではなく、犠牲にするのが日本の美徳なんです。大切だからこそ犠牲にしてしまう。犠牲にされる側の女性や家族も、犠牲にされることを美徳としてきた。こうした考え方は実に根強い。AKB48には恋愛禁止という不思議なルールがありますが、プライベートの幸福を否定してまで働くなど、欧米でいったら人権侵害でしょう。しかし、女性にも、プライベートを犠牲にしてこんなに頑張っている、という図式が堂々と適用され、その頑張りを評価してファンはCDを買うわけですね。

橘木　そういう考え方は私は嫌ですね。経済活動は重要ですが、そこそこでいい。すなわち、経済的な豊かさはほどほどにしておいて、家族、あるいは個人が生活苦と不安のない、心豊かで楽しい人生を送れることが理想と考えます。そしてできれば格差の大きくない社会が望ましいです。

おわりに

学問的ではない、実証的ではない、と切り捨てられそうな何気ない日常会話のなかに、社会や文化を考える重要なヒントがある——本書はそんな本音の部分で、経済学の橋木俊詔さんと、メディア学、文学、文化史の佐伯が重ねた対談である。

橋木さんはアメリカ、フランス、佐伯はアメリカ、ドイツでの研究経験があり、それぞれの生活実感が発言に反映されているが、読み方によっては海外かぶれという印象を抱かれるかもしれない。実際、講演で海外との比較を話題にすると、「日本人なんだから」と女性からの反発をうけたこともあった。だが、私たちは決して、やみくもに海外ではどうこうと、洋行がえりの〝デハノカミ〟を決めたいわけでもない。日本を卑下するわけでもなく、キリスト教や西洋文明を全面的に肯定するつもりもなく、ただ、さまざまな可能性を参照することで、より快適な社会とは何かを考えたいと、願うばかりであった。

能楽や茶道といった日本文化の歴史や伝統を尊重し、守ってゆくことも重要であるし、一方で、固定的な既成概念にしばられずに、女性と男性の現実社会における働き方やパートナーシップの多様な可能性を模索することも、格差社会の是正や現実上の社会問題の解決のためには大切であり、この両者は決して、両立不可能ではないはずである。だが、とかく保守と革新とは、ステレオタイプに色分けされ、特定の価値観のセットとして語られるのが残念である。維持すべき伝統的な文化遺産と、改革すべき社会的現実とは何かを、常に時代に応じて慎重に吟味し続けることこそが求められている。

人間の歴史は、こころと物質に支えられており、物質だけ充足していてもこころが満たされなければ人間は幸福感を得られない。かといって、〝カスミを食って〟生きていくわけにもいかないので、十分な経済活動を維持しながら、心も豊かにできることが人間ならではの幸福追求というものであろう。経済学の橘木さんと、主として人間の心の歴史、心性史の視点から、メディア学、文学の研究をしてきた佐伯が、対談によって、物理的に生き延びること、こころを満たすことの両面から、深刻化しつつある格差社会、その根底にある心の問題の多様性について、問題提起できればと願う。世代とジェンダーの違う二人の対話によって、よい意味での意見の相違から、発見も生まれたのではないかと思う。

異分野の交流から何か書くことができれば、との橘木さんのご提案が、この一冊に結びついたのであるが、二人には意外な共通点がある。ともに、東大進学者数全国ランキングを誇る典型的な進学校出身でありながら、学部は東大ではなく、もちろん、そのことを意識して対談を企画したわけでも、研究会で交流してきたわけでもないのだが、学歴や格差の問題に敏感になることができたのは、二人が進学校の常道的路線から微妙にずれてきたゆえかもしれないし、京都という地で交流する機会に恵まれたのも、不思議なめぐりあわせである。

私たちの問いは切実である。専門領域で自給自足的な研究活動を続けているだけでは、人文・社会系の学部は大学に不要と言われても、研究者側の自業自得という面がある。もちろん、短期的に〝社会に役に立つ〟ことがなくとも、長期的に人の心に栄養を与えるような人文系の研究が、人間社会に未来永劫、大事であることは言うまでもない。ただし、まさに経済的観点からみて、趣味的とみられかねない研究を国の予算で（あえて厳しい言葉を使えば）〝飼っておく〟余裕がない時代になりつつあるのも一面の事実であり、高齢化、格差が深刻化する時代に、予算は生活面の補助や福祉にまわせという議論が出るのも全面的には否定できない。そのような批判をあびずに、人文・社会系の研究の存在意義を示すためにも、研究者は地道で専門的な研究を蓄積すると同時に、世に問えることは何かを常に模索し続けるのが社会的責務であろう。

ジェンダーという問題系は、どんな学問にも必然的に含まれる、すぐれて学際的な問題意識である。この、本来は学術的に極めて有用な概念、用語に対して、拒否反応を示す一部日本社会の風潮に対しても、私たちは一石を投じたいがゆえに、できるだけざっくばらんな語りを意識した。一方で私たちの問いは、これまでの研究歴や人生からおのずとにじみ出たものであり、ジェンダー論に阿るような研究姿勢があるとすれば、おのずとみすかされるものであると申しそえておきたい。

京都大学で落合恵美子、伊藤公雄両先生を中心に行われてきたジェンダー研究会（サントリー文化財団助成）で橘木先生とご一緒してから、すでに一〇年以上が経過した。学際的研究機関が多い関西の地で、経済学、法学、社会学といった多分野の先生方と研究会で交流させていただいていることは、本当にありがたいことである。今も研究会を続けてくださっているみなさまに、心より感謝申し上げたい。こちらの事情で出版までに橘木さんをお待たせしてしまったが、執筆はなんとか細々時間をやりくりしても、時間が決まった業務とケア役割との両立はどんな職種でも容易ではないと思う。介護か仕事かという二者択一の問題が浮上するのも必然であり、日々の生活実践も含め、地道に問題提起してゆきたい。

話題が方々にとんだ対談をまとめてくださったのは、編集部の菱沼達也さまのご尽力による。

世代の若い菱沼さまのご協力が、私たちの対談に勇気を与えてくださった。心よりお礼申し上げたい。

身近な大切な人たちに、最後に感謝をささげます。

北山が雪化粧する季節に

佐伯順子

橋木俊詔（たちばなき・としあき）

1943年兵庫県生まれ。京都大学名誉教授。京都女子大学客員教授。小樽商科大学商学部卒業。大阪大学大学院修士課程修了。ジョンズ・ホプキンス大学大学院博士課程修了（Ph.D.）。フランス、アメリカ、イギリス、ドイツでの研究職・教育職、京都大学教授、同志社大学教授などを歴任。専門は労働経済学。著書に『女女格差』、『日本人と経済』（いずれも東洋経済新報社）、『日本の教育格差』（岩波新書）、『「幸せ」の経済学』（岩波書店）など多数。

佐伯順子（さえき・じゅんこ）

1961年東京都生まれ。学習院大学文学部史学科卒業。東京大学大学院総合文化研究科比較文学比較文化専攻博士課程修了。学術博士。現在、同志社大学大学院社会学研究科教授。専門は比較文化・メディア学・女性文化史。1998年にサントリー学芸賞受賞。著書に『遊女の文化史』（中公新書）、『「色」と「愛」の比較文化史』（岩波書店）、『男の絆の比較文化史』（岩波現代全書）、『美少年尽くし』（平凡社ライブラリー）など多数。

愛と経済のバトルロイヤル
経済×文学から格差社会を語る

2016年 1月30日　第1刷印刷
2016年 2月15日　第1刷発行

著者――橘木俊詔＋佐伯順子

発行人――清水一人
発行所――青土社
〒101-0051　東京都千代田区神田神保町 1-29　市瀬ビル
［電話］03-3291-9831（編集）　03-3294-7829（営業）
［振替］00190-7-192955

印刷所――双文社印刷（本文）
方英社（カバー・扉・表紙）
製本所――小泉製本

装幀――水戸部功

ISBN978-4-7917-6904-9 C0030